A arte de administrar conflitos

João Carlos Almeida

Como liderar pessoas difíceis

A arte de administrar conflitos

12ª edição

Canção Nova
EDITORA

Bartolomeu: Sinceramente, por essa eu não esperava.
Tiago Menor: Pergunta logo, Pedro!
André: Não sou eu... mas posso descobrir quem é.
Judas Iscariotes: Acaso serei eu?
Pedro: Pergunta quem é que eu mato.
João: Senhor, pode dizer quem é?
Um de vós me trairá!

Tomé: Acaba com esse mistério e diz logo quem é.
Tiago Maior: Eu não sou!
Felipe: Tem certeza disso?
Mateus: Vocês aí querem parar a conversa e prestar atenção?
Judas Tadeu: Você entendeu o que ele disse?
Simão Zelote: Sei lá...

EDITORA: Cristiana Negrão
ASSISTENTE EDITORIAL: Jocelma Cruz
CAPA E DIAGRAMAÇÃO: Tiago Muelas Filú
PREPARAÇÃO: Maurício Leal
REVISÃO: Patricia Bernardo de Almeida

Capa: *Ultima Cena* - Leonardo da Vinci, 1494-1498 – Técnica mista com predominância da têmpera e óleo sobre duas camadas de preparação de gesso aplicadas sobre reboco (estuque). 460 880 cm. Refeitório de Santa Maria delle Grazie (Milão-Itália).

Dados Internacionais de Catalogação na Publicação (CIP)
(Câmara Brasileira do Livro, SP, Brasil)

Almeida, João Carlos
Como liderar pessoas difíceis : a arte de administrar conflitos / João Carlos Almeida. -- 12ed. São Paulo, SP : Editora Canção Nova, 2015.

ISBN 978-85-7677-212-5

1. Conflito interpessoal 2. Psicologia aplicada 3. Relações interpessoais I. Título.

10-07671 CDD-158.2

Índices para catálogo sistemático:

1. Pessoas difíceis : Relações interpessoais : Psicologia aplicada 158.2

EDITORA CANÇÃO NOVA
Rua João Paulo II, s/n - Alto da Bela Vista
12630-000 Cachoeira Paulista SP
Telefone [55] (12) 3186-2600
e-mail: editora@cancaonova.com

Home page: http://loja.cancaonova.com

ISBN: 978-85-7677-212-5

Dedico estas páginas a todos aqueles
que criaram algum tipo de dificuldade em minha vida.
Obrigado por me ajudarem a escrever este livro!

Aviso aos navegantes

Não escrevi estas páginas porque seja especialista
na arte de liderar pessoas difíceis.

Pelo contrário. Escrevo falando para mim mesmo, pois a
cada dia tenho percebido
o quanto é difícil colocar estas teorias em prática.

Percebi também que tenho sido difícil
para algumas pessoas. Ao ler este livro imagino que elas
saberão melhor como me ajudar a superar estas dificuldades.

Aviso aos navegantes: navegar é preciso!

Palco da vida[1]

Você pode ter defeitos, viver ansioso
e ficar irritado algumas vezes,
mas não se esqueça de que sua vida
é a maior empresa do mundo.
E você pode evitar que ela vá à falência.
Há muitas pessoas que precisam de você,
que o admiram e torcem por você.
Gostaria que você sempre se lembrasse de que ser feliz
não é ter um céu sem tempestade, caminhos sem acidentes,
trabalhos sem fadigas, relacionamentos sem desilusões.
Ser feliz é encontrar força no perdão, esperança nas batalhas,
segurança no palco do medo, amor nos desencontros.
Ser feliz não é apenas valorizar o sorriso,
mas refletir sobre a tristeza.
Não é apenas comemorar o sucesso,
mas aprender lições nos fracassos.

Não é apenas ter júbilo nos aplausos,
mas encontrar alegria no anonimato.
Ser feliz é reconhecer que vale a pena viver,
apesar de todos os desafios,
incompreensões e períodos de crise.
Ser feliz é deixar de ser vítima dos problemas
e se tornar um autor da própria história.
É atravessar desertos fora de si,
mas ser capaz de encontrar um oásis no recôndito da sua alma.
Ser feliz é não ter medo dos próprios sentimentos.
É saber falar de si mesmo. É ter coragem para ouvir um "não".
É ter segurança para receber uma crítica, mesmo que injusta.
Ser feliz é deixar viver a criança livre, alegre e simples
que mora dentro de cada um de nós.
É ter maturidade para falar "eu errei".
É ter ousadia para dizer "me perdoe".
É ter sensibilidade para expressar "eu preciso de você".
É ter capacidade de dizer "eu te amo".
É ter a humildade da receptividade.
Desejo que a vida se torne um canteiro de oportunidades
para você ser feliz...

E quando você errar o caminho, recomece,
pois assim você descobrirá que ser feliz
não é ter uma vida perfeita,
mas usar as lágrimas para irrigar a tolerância.
Usar as perdas para refinar a paciência.
Usar as falhas para lapidar o prazer.
Usar os obstáculos para abrir as janelas da inteligência.
Jamais desista de si mesmo.
Jamais desista das pessoas que você ama.
Jamais desista de ser feliz, pois a vida é um espetáculo
imperdível, ainda que se apresentem
dezenas de fatores a demonstrar o contrário.

Pedras no caminho? Guardo todas...
Um dia vou construir um castelo!

Prece da serenidade

Concedei-me, Senhor,
a serenidade necessária
para aceitar as coisas que não posso modificar,
coragem para modificar aquelas que posso
e sabedoria para distinguir umas das outras,
vivendo um dia de cada vez,
desfrutando um momento de cada vez,
aceitando as dificuldades
como um caminho para alcançar a paz,
considerando o mundo como ele é
e não como eu gostaria que ele fosse,
confiando em ti, meu Deus, para endireitar todas as coisas
para que eu possa ser moderadamente feliz nesta vida
e sumamente feliz contigo na eternidade.

Reinhold Niebuhr

Teólogo americano, 1892-1971

Sumário

Apresentação

Quando escrevi o livro *As Sete Virtudes do Líder Amoroso*, havia uma seção com o título "Como lidar com pessoas difíceis". Confesso que não sabia bem o que dizer sobre o tema. Em minhas palestras normalmente evitava o assunto. Ser amoroso não significa que você será necessariamente amado. O que fazer, então, com aqueles que não amam seus líderes amorosos? Como reagir diante dos invejosos, rancorosos ou orgulhosos? O que fazer com o pessimista, o intimidador, o desagradável, o insistente, o sabe-tudo? Que atitudes o "amoroso" precisa cultivar para se tornar "amável"? Como diz o antigo ditado italiano:

"Quem quer fazer-se amar, amável deve se tornar".

Diante deste desafio de ser amoroso e amável ao mesmo tempo, comecei a arriscar falar um pouco sobre o tema. Vasculhei livrarias e bibliotecas e descobri que mais gente já havia se debruçado sobre a questão. Incluí alguns destes livros na bibliografia que você encontra ao final destas páginas.

Comecei também a conversar com várias pessoas sobre este tema. Percebi que cada um tem as suas próprias técnicas para reagir diante das pessoas difíceis. Certa ocasião, perguntei à plateia, de supetão:

— Como liderar pessoas difíceis?

Um grande líder da região, sentado na primeira fileira, respondeu impulsivamente, quase sem pensar:

— Não é fácil!!!

De fato, se você quer ser um líder, saiba que terá muitos amigos, mas prepare-se para ter alguns inimigos. Nem Jesus escapou desta regra básica da liderança. E não pense que estou falando de fariseus, doutores da lei, soldados romanos, Herodes ou Pilatos. O grupo que ele escolheu como colaboradores mais próximos não era nada fácil. Sempre existe uma pedra no caminho dos grandes líderes dentro da própria casa. Grandes e bem-sucedidos empresários podem enfrentar dificuldades para liderar seus próprios filhos. Por isso, todos precisam refletir sobre "como liderar pessoas difíceis".

Como disse o filósofo Kant, na vida existem pessoas que nos puxam para cima e outras que nos empurram para baixo. Poderíamos simplesmente evitar aqueles que nos criam dificuldades, mas será esta a melhor estratégia? Pergunto-me se isto é mesmo possível. Existem ocasiões em que não há como escapar, por exemplo, do irônico. Como conviver com estas pessoas de modo a que sua ironia não seja um obstáculo fatal?

Apresentei anteriormente a "Prece da Serenidade", do teólogo americano Reinhold Niebuhr. É a oração preferida dos grupos de entreajuda para recuperação de pessoas com todo tipo de vício ou atitude compulsiva. Você já deve tê-la ouvido e até rezado várias vezes. Encontrei a prece em sua versão integral. Normalmente conhecemos apenas a primeira parte. Sugiro que sempre que tomar este livro nas mãos comece a leitura por esta prece. Rezar diante das dificuldades ainda é a melhor estratégia para abrir os caminhos. Moisés que o diga! Foram necessárias muita fé, muita oração e muita confiança para atravessar o mar Vermelho a pé enxuto, deixando para trás os perseguidores. Esta é a questão que o líder precisa se colocar. Vamos atravessar o mar, custe o que custar. O inimigo ficará para trás. Mas lembre-se, nem tudo são flores na outra margem. Sempre haverá um deserto a ser enfrentado. Moisés levou quarenta anos para fazer daquele grupo de tribos nômades uma grande nação.

Inicialmente, vamos conversar sobre alguns saberes fundamentais para sobreviver nas dificuldades. Recolhi diversas dicas que podem nos auxiliar na hora em que nos depararmos com "aquela pessoa". Uma delas aprendi com a experiência de diversas pessoas que me disseram: "Respire fundo". Dá certo.

Em seguida, vamos conhecer um pouco melhor a famosa pintura de Leonardo da Vinci que ilustra a capa deste livro. *A Última Ceia,* pintada no refeitório da igreja de Santa Maria delle Grazie (Milão, Itália), está entre as mais belas e importantes pinturas de que se tem notícia. Não é apenas mais uma "Santa Ceia". Esta retrata o momento de maior "dificuldade" de Jesus no relacionamento com os apóstolos. No meio da refeição ele revela: "[...] um de vós me trairá"[2]. O pintor fez verdadeiros estudos psicológicos sobre o tipo de cada um dos apóstolos. Levou cerca de quatro anos para concluir sua obra. Na postura corporal dos doze é possível identificar vários "tipos". Passados quinhentos anos, será que Leonardo ainda teria algo a nos dizer sobre o modo como Jesus liderou cada um dos apóstolos?

Para responder a esta pergunta, vamos fazer o contraponto da pintura com as páginas da Bíblia. Em uma sequência de doze capítulos, analisaremos o modo como Jesus de Nazaré administrou aquele grupo de doze pessoas bastante difíceis. Quando iniciei minha pesquisa, achava que tinha apenas encontrado um ótimo tema. Aos poucos, fui percebendo na pedagogia do Mestre dos mestres, princípios de psicologia que servem de luz para todos os que têm diante de si o desafio de liderar pessoas difíceis. É claro que não fui o primeiro e nem serei o último a garimpar neste filão de ouro. Encontrei belíssimas reflexões sobre este tema nas Audiências de quarta-feira do papa Bento XVI, no ano de 2006. Foram muito úteis também a pesquisa e as descobertas do psiquiatra Augusto Cury em seu *best seller O Mestre Inesquecível.*

Ao final deste livro incluímos uma coleção de frases interessantes que encontramos ao longo de nossos estudos sobre o tema. A sabedoria dos ditados populares pode abrir os nossos olhos e a nossa mente com poucas palavras.

Liderar é conseguir a "coesão" de um grupo em torno de uma "visão" que motiva a "ação" de caminhar na direção da meta. Liderar é, portanto, a arte de gerar coesão. Mas, ao iniciarem suas tarefas, os líderes logo percebem que existem "forças de dispersão" que provocam os mais diferentes tipos de dificuldades. Os conflitos já começaram na primeira segunda-feira da história. Liderar, portanto, exige esmerar-se na arte de administrar os conflitos. Este é o tema deste livro.

Saberes fundamentais

Como administrar conflitos? Antes de verificarmos o modo como Jesus realizou esta proeza com seus apóstolos, gostaria de dar algumas dicas práticas que foram surgindo ao longo de minhas leituras e entrevistas com grandes líderes.

A ARTE DA GUERRA

O livro *A Arte da Guerra*[3] foi escrito há mais de 2500 anos pelo general chinês Sun Tzu. Este clássico, utilizado até hoje pelos exércitos em todo o mundo, está longe de ser apenas um manual que ensina táticas de guerrilha.

Seus saberes mostram como administrar a "nossa guerra de todos os dias". De alguma maneira, todos somos soldados no campo de batalha. Precisamos entender "a arte da guerra". Somente assim será possível evitar os conflitos antes mesmo que eles surjam. Neste sentido, não seria nada absurdo mudar o título do livro para *A Arte da Paz.*

Sabemos que uma das sete virtudes do líder amoroso é a *paciência*, que poderia ser definida como *ciência da paz*[4]. Deste modo, todo líder paciente é, na verdade, um grande guerreiro. O inverso também é verdade. Todo grande lutador é uma pessoa extremamente paciente. Isso aparece bem em algumas artes marciais nas quais para vencer é necessário observar à exaustão os movimentos do adversário e desarmá-lo antes mesmo que ataque. Pode parecer contraditório, mas estas são lutas de paz. A violência é reduzida ao mínimo exigido pela legítima defesa. É disto que trata *a arte da guerra*: legítima defesa.

O primeiro grande segredo é *observar* os movimentos do adversário. Foi assim que o pequeno Davi venceu o gigante Golias. Não devemos economizar tempo nesta tarefa. Faça todos os *cálculos* necessários. Pessoas são um poço de complexidade. Nem sempre aquilo que aparece na primeira impressão é a realidade mais profunda. Líderes amorosos são comunicativos, o que significa que são hábeis em formular perguntas, mais do que em arriscar precipitadamente uma resposta. Uma pergunta sempre é um caminho de paz. Se você observar bem os movimentos do seu adversário, poderá "vencer sem mesmo ter que lutar". Esta é a vitória dos grandes líderes.

Um segundo exercício é o *desapego* emocional diante da realidade observada. Os afetos costumam nos deixar cegos como a quem olha para o Sol. Isso não significa ser frio ou fugir dos relacionamentos. A luz solar é essencial, porém expor-se demais pode levar a perigosas queimaduras. Quando falamos em *desapego emocional* estamos falando de *ponderação*. Por razões afetivas podemos cair em debates inúteis ou em conflitos desnecessários. A imparcialidade é fundamental para que a nossa reação seja eficaz diante do perigo. Lembre-se que o seu objetivo não é destruir o adversário, mas apenas vencer a batalha. Vencer sem destruir é possível apenas para os líderes de verdade. Os vingativos não entendem esta lógica. Acabam entrando no círculo vicioso da violência. É ruim para todos! Os amorosos entendem a lógica do perdão e promovem o círculo virtuoso da paz. É bom para todos!

A terceira dica é a *flexibilidade*. Pessoas rígidas não são bons guerreiros. A agilidade é fundamental para que o soldado possa permanecer vivo até o final da batalha. Isto é muito semelhante à virtude da *resiliência*, que descrevemos como uma das habilidades do líder amoroso[5]. Ele é flexível como uma ponte. Por isso, suporta pesos maiores sem quebrar. Por falta de flexibilidade o Titanic afundou ao chocar-se com um *iceberg*. Podemos ser grandes, mas isso não impedirá nossa derrota se formos rígidos demais em nossas ideias e emoções, em nossa visão e em nossos paradigmas. Ser flexível é, por exemplo, elogiar alguém que acabou de ser seu crítico. Não seria este o conselho de Jesus ao dizer: "amai os vossos inimigos [...] orai por aqueles que vos caluniam"[6]?!

Outra dica é exercitar a síntese entre *ternura* e *vigor*. Podemos ver isso estampado com genialidade na figura do apóstolo Pedro, na pintura de Leonardo da Vinci. Ele fala com ternura aos ouvidos de João e em uma das mãos segura uma faca, pronto para o ataque. Esta síntese somente é possível para as pessoas *benevolentes*, capazes de viver a virtude da *compaixão*. Os malvados acabam vítimas de sua própria raiva, de sua própria cobiça. O perdão é a virtude dos fortes. Significa a capacidade de não permitir que o mal do outro habite em você. Outra síntese muito próxima desta é entre *humildade* e *coragem*. Os covardes e orgulhosos são vítimas de sua presunção. O apóstolo Paulo exprimiu esta síntese quando disse "quando sou fraco, então é que sou forte". Unir força e fraqueza é fundamental para chegar às grandes conquistas. Sua maior força pode estar justamente naquilo que você julga ser sua principal fraqueza.

A Arte da Guerra ensina ainda a esmerar-se em um aguçado senso de *previsão*. Após observar, somos capazes de *prever* qual será o próximo movimento do inimigo.

Somente assim poderemos surpreendê-lo, imobilizá-lo e vencer com facilidade. A batalha é vencida mais pela razão do que pela força.

Uma das principais lições de *A Arte da Guerra* é que devemos observar as pessoas em seu ambiente. Mudamos com a mudança de contexto. Uma coisa é combater no terreno do inimigo, outra coisa é atraí-lo para o seu terreno.

A Arte da Guerra fala também do valor dos *espiões* para conhecer melhor o adversário. Esta tática pode não parecer muito leal, porém, sozinhos nem sempre somos capazes de conhecer as pessoas difíceis com quem convivemos. Sempre é bom perguntar como outros estão vendo as atitudes deste ou daquele. Pode ser que nossa visão seja tragicamente distorcida.

Finalmente, o general Sun Tzu ensina que para exercitar a *arte da guerra* é preciso *ponderação.* Aristóteles chamou isso de *equilíbrio* e Santo Tomás incluiu esta atitude na virtude cardeal da *temperança.* A raiz é a mesma. Exageros levam ao fracasso. Não será com longos e intermináveis discursos ou com potentes canhões que você vencerá os conflitos. A paz é alcançada por ponderados diálogos diplomáticos. Como disse o saudoso poeta do protesto, Geraldo Vandré, é preciso "acreditar nas flores vencendo os canhões".

Aliás, isto me lembra o clássico *Tistu, o Menino do Dedo Verde.* Lembra? Ele tinha um dom fantástico. Onde seu dedo tocava nasciam flores. Acha bom? O menino era traumatizado por causa disso. Até o dia em que, no meio de uma batalha, percebeu que tocando nos canhões saíam flores em vez de bombas. A partir deste fato, a cidade que fabricava canhões passou a cultivar flores e mudou até de nome: Miraflores. A história dá pano pra manga, mas no final descobrem: "Tistu era um anjo".

O FIO DA MEADA

Como nos ensinou *A Arte da Guerra,* administrar conflitos exige a virtude da paciência. Isto me lembra aquele novelo de lã que minha saudosa avó Isaura pacientemente desenleava. Tudo depende de se achar o fio da meada. Sim! Os relacionamentos também têm um jeito certo de serem administrados. É preciso achar o "fio". Caso contrário, viveremos eternamente num emaranhado de brigas e confusão. O pior é que acabamos nos acostumando com a bagunça nos relacionamentos. Já percebeu como nosso mundo ultramoderno está cheio de fios por todos os lados? Basta prestar atenção nos fios do computador. A vida está mais ou menos assim.

Portanto, este livro não é apenas para empresários. É para todos os que procuram encontrar o fio da meada na arte de liderar. Há pais com filhos difíceis e também filhos com pais complicados; qual professor não tem um aluno difícil? Alguém, com muito bom humor, pediu-me que depois deste livro escrevesse outro: *Como Ser Liderado por Pessoas Difíceis*. É verdade, muitos patrões não são nada fáceis de lidar. Este livro, com certeza, poderá lhe dar algumas dicas práticas.

Falando em fio, lembro de uma técnica de pescadores conhecida como "dar linha". Para pescar é preciso muita paciência. Primeiro coloque corretamente a isca no anzol. Depois jogue a linha na água e espere... espere... espere. Evite rumores. Quando finalmente fisgar o peixe – aí vem a técnica –, não puxe imediatamente. O segredo é "dar linha". Se for precipitado, o peixe comerá a isca e não morderá o anzol. Quando você pacientemente "dá linha", o peixe avança sobre a isca e acaba fisgado. Esta técnica pode parecer cruel e antiecológica, mas no relacionamento com as pessoas difíceis é exatamente isso que devemos fazer. Se você for precipitado, não "pescará" aquela pessoa para a coesão do grupo. Se quiser conquistar alguém, "dê linha", ou seja, deixe-o à vontade para falar, brigar, se expressar... Escute sem rumores. Existe uma hora certa para você "puxar o anzol".

Que hora é esta? Pergunte ao pescador! Certamente ele lhe dirá que existem muitas outras técnicas para uma boa pescaria. É preciso pescar no lugar certo. Nem sempre o "mar está pra peixe". Pratique o "truque da ceva", ou seja, durante algum tempo jogue comida naquele local e o peixe se acostumará a comer lá. Na hora H será facilmente fisgado. Use a isca certa para o peixe certo. Pergunte-se qual é o gosto do peixe que você pretende pescar. Use o anzol certo. Um arpão não funciona para pescar uma tilápia, assim como com um pequeno anzol você não pescará um tubarão. Dizem que iscas vivas atraem mais. Peixe também tem hora para comer. Conheça estes horários e ritos do povo do rio... tão diferentes dos horários do povo do mar. Mantenha a linha sempre esticada. Lições de pescador... e pensar que a maioria do grupo escolhido por Jesus era composta por pescadores. Um dia o Mestre disse a eles: "De hoje em diante usem as técnicas da pescaria para pescar pessoas"[7]. Deu mais que certo! Como um carpinteiro pôde ensinar essas lições aos pescadores? Como os pescadores aceitaram lições de pescaria vindas de um carpinteiro do interior? É que Jesus, antes de ensinar, certamente aprendeu com eles.

O psiquiatra Augusto Cury analisou de mil maneiras a psicopedagogia de Jesus. Segundo ele, o Mestre dos mestres foi um "vendedor de sonhos". Em outras palavras, foi alguém capaz de passar sua visão para os seus colaboradores. Quando Ele disse: "Segui-me e eu farei de vós pescadores de homens", na verdade mudou radicalmente a visão deles. Soube vender seus sonhos. Soube encantar com uma missão e gerou coesão em torno dela. É claro que eles não entenderam de imediato. O próprio Pedro, como veremos, demorou um bocado para entender a vitória que passa pela derrota da cruz. Parecia loucura. Mas a adesão ao sonho do Mestre falou mais alto. As dificuldades são superadas com mais facilidade quando conseguimos encantar os colaboradores com uma nova visão.

DICAS PRÁTICAS

Qual seria a melhor estratégia para vencer os conflitos de todos os dias? Bater de frente? Claro que não. Aqui vão algumas dicas práticas que recolhi na conversa com líderes que considero vencedores na arte de administrar conflitos:

- Perdoe: pense... O que Jesus faria no meu lugar?
- Conte até 10... E aproveite para respirar!
- Não dê a reposta apressadamente: uma pergunta vale ouro.
- Mude de assunto.
- Procure entender o ponto de vista do outro. Pergunte: E se eu fosse você?
- Saiba que cada conflito esconde uma lição. Aproveite para aprender.
- Para algumas pessoas a distância é a única solução.
- Lembre-se da linha de trem: PARE, OLHE, ESCUTE!
- Está com raiva? Vá pescar (ou vá rezar)!!!

- Elogie... Melhor cultivar trigo do que arrancar joio.
- Coração quente e cabeça fria... O contrário é tragédia na certa.
- Pergunte: Poderia ser pior?
- Lembre-se de que "o corpo fala".
- Permita que o outro coloque a raiva para fora.
- Saiba distinguir o que vem da pessoa e o que é fruto da "personalidade corporativa", ou seja, aquilo que recebemos de nossa cultura familiar ou social. Não podemos rejeitar uma pessoa, preconceituosamente, apenas porque ela tem o mesmo sotaque daquele com quem já tivemos experiências negativas.
- Após fazer tudo isso... Não deixe de dizer o que você pensa!
- Depois procure um lugar quieto e faça uma prece. Deus é especialista em tratar com pessoas difíceis... A começar por cada um de nós. Ele poderá lhe dar dicas mais precisas do que estas que acabou de ler.

A FÓRMULA DO FRACASSO

Quer montar uma péssima equipe de trabalho, um grupo de derrotados? Escolha apenas pessoas maleáveis e fáceis de liderar. Quer montar uma equipe de sucesso? Escolha pessoas difíceis. Elas têm um potencial de liderança que está aplicado no campo errado. Jesus escolheu uma equipe de doze pessoas muito, mas muito difíceis. Com seu jeito amoroso e amável, o Mestre modificou o comportamento de cada um deles, dando início ao maior empreendimento de todos os tempos: o cristianismo. Procure seguir este exemplo e reconhecer o grande potencial que está escondido por trás das pessoas difíceis. Meus melhores alunos certamente não foram os mais calados e disciplinados. Não raro tive alunos difíceis, que hoje reconheço como grandes líderes.

Você pode transformar aquele fofoqueiro num ótimo relações-públicas. Deixe-o falar, mas ensine a falar a palavra certa, na hora certa, para a pessoa certa. Transforme o ambicioso em um gerente de sucesso. Deixe-o tomar as iniciativas, mas purifique suas motivações e seu egocentrismo. Você pode transformar o vaidoso, o rancoroso, o invejoso... Busque o potencial positivo deles e você terá uma equipe de sucesso, ou seja, uma equipe de líderes.

Sobre este potencial positivo dos "difíceis", encontrei uma dessas simpáticas parábolas da Internet, que vale a pena reproduzir aqui. É a "Fábula do porco-espinho": "Conta-se que durante a era glacial muitos animais morriam por causa do frio. Os porcos-espinhos, percebendo a situação, resolveram se juntar em grupos. Assim se agasalhavam e se protegiam mutuamente, mas os espinhos de cada um feriam os companheiros mais próximos, justamente os que ofereciam mais calor. Por isso, decidiram se afastar uns dos outros e voltaram a morrer congelados. Precisavam fazer uma escolha: ou aceitavam os espinhos dos companheiros ou desapareceriam da Terra. Com sabedoria, decidiram voltar a ficar juntos. Aprenderam assim a conviver com as pequenas feridas que a relação com uma pessoa muito próxima podia causar, já que o mais importante era o calor do outro. E assim sobreviveram. Moral da história: o melhor relacionamento não é aquele que une pessoas perfeitas, mas aquele no qual cada um aprende a conviver com os defeitos do outro e admirar suas qualidades."

Se estiver procurando formar uma equipe de liderados, prepare-se para a falência. Sua liderança se confirma quando gera outros líderes. Quando todos lhe obedecerem sem questionar, não se iluda pensando que construiu uma grande equipe. Você atingiu o grau máximo da mediocridade. Tenha pelo menos uma atitude honesta e peça demissão.

A REGRA DE OURO

O clássico *Como Fazer Amigos & Influenciar Pessoas*, de Dale Carnegie, vendeu nos últimos cinquenta anos 50 milhões de exemplares. Li-o pela primeira vez em minha adolescência. Na ocasião não lembro se cheguei ao final do livro. Recentemente tive a curiosidade de reler para descobrir qual seria o "segredo" tão fantástico que leva milhões de pessoas a ler e comentar esta obra. Na medida em que avançava na leitura, ia percebendo que o autor não fez outra coisa senão pegar uma das mais famosas frases de Jesus e aplicar às diversas situações da vida humana. Trata-se da "regra de ouro": "Faça aos outros o que gostaria que os outros fizessem a você"[8]. Na verdade, Jesus deu formato positivo ao velho ditado conhecido em muitas religiões da humanidade: "Não faça aos outros o que não gostaria que eles fizessem a você".

No fundo, esta forma positiva do ditado é a explicitação prática daquilo que o próprio Mestre de Nazaré chamou de *amor*. Esta palavra desgastada pelo uso e pelo abuso pode significar tudo, ou seja, nada!!! Para alguns, o amor é apenas um sentimento vago, uma emoção, um afeto, uma caridade, filantropia etc. O amor pregado por Jesus como cerne da religião é uma atitude que toca cada gesto, cada decisão, cada palavra, cada pensamento. O amor nos configura. O discípulo amado vai resumir tudo isso em sua carta dizendo radicalmente que "Deus é amor". A amorosidade é um jeito de ser no mundo. Quando Jesus disse: "aprendei de mim que sou manso e humilde de coração"[9] estava querendo nos ensinar esta lição: a cordialidade!

Resumindo: amar é fazer aos outros o que gostaríamos que eles fizessem a nós. Esta é uma regra prática que pode ser aplicada nas mais diversas situações, inclusive no modo de relacionar-se com pessoas difíceis. Os líderes amorosos sabem muito bem disso. Para tornar este assunto mais prático e compreensível, vamos dar um exemplo. Como seria um professor amoroso? Certamente não é aquele que pensa que está na sala de aula apenas para ensinar. Não está. Ele está ali principalmente para fazer o aluno aprender; e entre ensinar e fazer aprender existe uma distância como entre o céu e a terra. Quem apenas ensina tem o foco no conteúdo que conhece e que está preparado para transmitir aos seus *alunos*. Uma etimologia desta palavra indica a origem na expressão latina *a-lumen*, ou seja, aquele que não tem luz[10]. Ora, convenhamos, ninguém é um poço de trevas, um quadro sem nada escrito. Temos conhecimentos tácitos, experiências pré-adquiridas, informações não sistematizadas... Ter o foco no conteúdo é o mesmo que ter o foco principal em si mesmo. Por mais "sabido" que seja o professor, se os seus alunos passarem o semestre calados, aprenderão muito pouco; e ainda este pouco será rapidamente esquecido por falta de relevância vital.

O mestre amoroso é diferente. O foco dele está no discípulo. Ele reconhece a luz interior que está em cada um. Ele próprio se coloca diante do outro como um aprendiz. Ensina melhor quem sabe fazer perguntas. O filósofo Sócrates chamava este método de *maiêutica*. É a aplicação pedagógica da regra de ouro: *faça aos outros a pergunta que gostaria que os outros fizessem a você*. Chamam isso de construtivismo. Não é preciso grande arcabouço teórico para assumir esta postura pedagógica amorosa, construtivista, interrogante. Nossa didática está invertida. A pergunta vem só no final, na prova! Precisamos recuperar o primado da interrogação. Se fizéssemos mais perguntas, boa parte dos conflitos seria evitada. Como diz a velha canção, "haveria menos gente difícil e mais gente com coração"[11].

NÃO COMPRE PALMEIRAS ADULTAS

Andando por minha cidade natal, percebi que alguma coisa havia mudado na fachada daquele pequeno *shopping*. A recente construção estava com um ar de loja antiga, estabilizada e tradicional. Foi quando percebi um belo conjunto de palmeiras imperiais adultas. Havia anos que passava pelo local e nunca tinha percebido aquelas imponentes árvores. Alguém me informou que eles haviam comprado a peso de ouro cada uma das palmeiras já adultas.

Pode dar certo na fachada de uma empresa recente, mas na vida não é possível comprar a experiência e a tradição. As empresas costumam colocar em seus rótulos: "Desde 1877". Quem vê esta apresentação sabe que o produto já está mais que experimentado, aprovado, consolidado.

Para liderar pessoas adultas você pode ler uma pilha de livros como este, mas o que vale mesmo é a sua experiência pessoal. Relacionamentos são como palmeiras pequenas que temos que cultivar todos os dias. Um dia ficarão adultas. Nossos relacionamentos também. Um dia nos orgulharemos daquela amizade que já dura trinta anos e foi construída comendo muito sal juntos. Isto fala mais do que palmeiras adultas na fachada de seu empreendimento. A cordialidade entre os membros de uma equipe é o melhor selo de qualidade total.

NÃO BASTA O AMOR... É PRECISO HUMOR!

Dizem que os fundamentalistas não conseguem sorrir. São sisudos e mal-amados. Mas o "Deus" que defendem de modo tão sério é, ao contrário, alguém que sabe brincar. Esta afirmação pode soar estranha para os que têm uma visão distorcida do humor. Ainda existe quem pense que brincadeira é coisa de criança. Em minha infância, ouvi muitos professores dizendo que "sala de aula não é lugar de brincadeira". Será? Há até quem sustente que "com Deus não se brinca".

O orientador de meu doutorado em educação na Universidade de São Paulo (USP), Jean Lauand, fez sua defesa de livre-docência exatamente sobre este tema: *Deus ludens* — O lúdico no pensamento de Tomás de Aquino e na pedagogia medieval. Uma das máximas que Lauand encontrou no pensamento de Tomás é: *Ludus est necessarius ad conversationem humanae vita,* traduzindo, "O brincar é necessário para (levar uma) a vida humana"[12]. É exatamente o contrário da caricatura medieval pintada por Umberto Eco em seu *best seller O nome da rosa.* O riso e a brincadeira eram parte integrante da pedagogia dos jogos praticada na época. Neste sentido, a presunçosa modernidade não teria ficado séria demais? Será que alguns avanços da ciência não nos fizeram "perder a graça"?

O Deus brincalhão revelado por Tomás e redescoberto por Lauand está estampado com todas as letras na Bíblia em um poético texto do livro dos Provérbios: "eu estava ao seu lado como mestre-de-obras; eu era seu encanto, dia após dia, brincando todo o tempo, na sua presença, brincando na superfície da terra e alegrando-me em estar com os filhos dos homens"[13].

Diante de algumas pessoas difíceis, precisamos fazer algum esforço para não perder o bom humor. Alguns realmente nos "tiram do sério". É então que entra em cena a sabedoria das frases de para-choques de caminhão: "Está com raiva? Vá pescar!"

Mas atenção! Manter o bom humor não significa revidar com palavras de fina ironia, sarcasmo ou cinismo. O bom humor é generoso, gentil, respeitoso. Certamente você conhece pessoas que fazem "piada" com tudo e com todos. Acabam se tornando pessoas difíceis. O bom humor é inteligente, sereno, sutil. Basta pensar nos clássicos de Chaplin. Nem são necessárias palavras. Um gesto cinematográfico é suficiente para colorir a nossa face com aquele sorriso gostoso.

Pessoas bem-humoradas mudam o ambiente onde vivem. Infelizmente o mau humor também tem altíssimo potencial. Viver com pessoas mal-humoradas exige algumas habilidades fundamentais. A principal delas é ser pato e não esponja...

O PATO E A ESPONJA

Por acaso você já observou o que acontece com os patos quando dão seus mergulhos na lagoa? Eles simplesmente não se molham. Suas penas são cobertas com uma camada de óleo, tornando a ave impermeável. Logo abaixo de sua cauda está localizada a glândula uropigial, que produz a secreção oleosa que salva o pato de sair encharcado de cada mergulho. Ele retira cuidadosamente o óleo com o bico e o espalha por todo o corpo. Se você lavar um pato com detergente, ele se afogará no primeiro mergulho. Mas o pato não é a única ave privilegiada com esta proteção. Praticamente metade das aves possuem a tal glândula uropigial.

Ao liderar pessoas difíceis é fundamental desenvolver um mecanismo de proteção parecido com o do pato. De alguma maneira, é preciso que fiquemos *impermeáveis*. O grande erro é deixar que o temperamento difícil de uma pessoa se torne referência para você e para todos ao redor. Se alguém fala alto demais em seu ambiente de trabalho, não vai demorar para que todos comecem a se comunicar aos berros. Será a vitória do erro. É preciso que aprendamos a nos tornar um pouco surdos, mantendo um jeito sereno de falar. Impermeáveis. O silêncio falará mais alto que os gritos e a serenidade será a referência determinante para aquele ambiente.

O problema é que, além de não sermos *patos*, às vezes nos comportamos como verdadeiras *esponjas*. Temos a trágica capacidade de absorver tudo. Se alguém vomita num lugar público, logo buscamos um balde d'água para limpar o lugar. Por que não fazemos o mesmo com as pessoas que vomitam mau humor, inveja e raiva? Absorver estes sentimentos como uma esponja é tão asqueroso e prejudicial quanto absorver o vômito alheio.

Se pensássemos desta maneira, não ficaríamos com tanta facilidade nos remoendo em *ressentimentos*. Prestou atenção nesta palavra? Vou repetir: "*re*-sentimento". Isso mesmo! É sentir de novo o que já fez mal da primeira vez. Recebemos uma ofensa. Basta a dor uma vez só. Mas preferimos comentar ressentidamente com alguém, depois com outro e mais outro. Ao final do dia já "*re*-sentimos" a mesma dor várias vezes. Jogue um balde de água nesta sujeira. O perdão é o melhor remédio. Seja pato... não seja esponja.

QUATRO AÇÕES ESTRATÉGICAS

Para chegar a esta *impermeabilidade* de que acabei de falar, existem, no mínimo, quatro ações estratégicas:

1. IDENTIFICAR: Conheça os principais "tipos difíceis" e como funciona a sua dinâmica perversa. É neste sentido que este livro pode ajudar você. Cada tipo difícil tem sua própria dinâmica de funcionamento. Um rancoroso funciona diferente de um invejoso. Há um mecanismo interno que dá coerência a este agir complicado. Identificando o "tipo" será mais fácil compreender o modo ideal de se relacionar com esta pessoa, para chegar à desejada harmonia. Reconheça também que "tipo" é você. Não imagine ser o santo dos santos. Use o *desconfiômetro* para um pouco de autocrítica. Um espelho sincero e falante como aquele da fábula seria de muita utilidade. Somos mais hábeis para ver os defeitos dos outros. Os líderes amorosos também já foram pessoas difíceis, mas conseguiram enxergar seus limites e polir suas próprias arestas. Para identificar um "tipo" é preciso não reagir diante da agressão. Deixe o "difícil" dar o primeiro passo. O peixe morre pela boca. Escute com atenção sem absorver o fel. Lembre-se de que

para identificar é preciso manter uma distância estratégica. Olhe para dentro de você mesmo e identifique qual sua reação. Escolha o tipo de comportamento ideal.

2. COMPREENDER: Pergunte agora para si mesmo: Qual seria a origem do comportamento difícil? Seria o foco na tarefa? Seria o foco na norma a ser cumprida? Seria o foco na busca de ser aceito socialmente? Seria o foco na necessidade de ser reconhecido? Seria um vício de comportamento? Seria um trauma pessoal? Ou seria pura maldade? O líder amoroso é compreensivo. Isto não significa aceitar os erros, mas apenas ser capaz de distinguir as pessoas de seus "pecados" e compreender as razões por que agem desta ou daquela maneira. É o exercício que Ariano Suassuna, de maneira genial, coloca no final do *Auto da Compadecida.* No julgamento de cada um dos personagens, a Compadecida mostra-se compreensiva. Ela consegue ver as razões por trás das ações. Para a mulher que traiu o seu marido, ela diz: "Eu entendo tudo isso mais do que você pensa. Sei o que as mulheres passam no mundo, se bem que não tenha do que me queixar, porque meu marido era o que se pode chamar de um santo". Mais surpreendente é a maneira como o Filho da Compadecida, que preside o juízo final na trama de Suassuna, compreende as razões escondidas no coração de Severino Lampião: "Severino e o cangaceiro dele foram meros instrumentos de sua cólera. Enlouqueceram ambos, depois que a polícia matou a família deles, e não

eram responsáveis por seus atos. Podem ir para ali". E os dois saem para o Céu!

3. INFLUENCIAR: Lembre-se da regra de ouro para influenciar alguém: "faça ao outro o que gostaria que ele fizesse a você", traduzida de mil maneiras em *Como Fazer Amigos & Influenciar Pessoas*, de Dale Carnegie. O livro começa com uma frase intrigante: "Se quer tirar mel, não espante a colmeia". Traduzindo: se você quer influenciar as pessoas, em um primeiro momento não critique, não condene e não se queixe. Ao contrário, o primeiro contato deve ser permeado por elogios sinceros. Com isso, conseguimos um elemento fundamental para influenciar alguém: a empatia. Sem isso, todo o relacionamento posterior poderá ser um fracasso. É importante sorrir para as pessoas, interessar-se por suas histórias e dar-se tempo para ouvir o que elas têm a dizer. Chamar a pessoa pelo nome é de fundamental importância se você quer conquistar a amizade dela. Carnegie diz que "a melhor maneira de vencer uma discussão é evitá-la". É mais inteligente respeitar a opinião do outro, ainda que seja diametralmente oposta à sua. Ao expor seus argumentos, mostre-se simpático ao que o outro disse e cite reforçando a ideia dele. Jamais diga "não concordo com você" ou "na minha opinião você está errado". Seja amigável e terá amigos. Seja amável e influenciará as pessoas.

4. CONVERTER: Se você identificou o tipo, compreendeu suas razões, influenciou positivamente, agora só falta

modificar o comportamento desta pessoa de modo que o grupo coeso possa avançar em direção à meta. Na parte final de seu livro, Dale Carnegie mostra como os líderes podem modificar o comportamento das pessoas. Segundo ele, o primeiro passo é não bater de frente. Melhor elogiar o que a pessoa tem de bom e minimizar a importância daquilo que ela tem de "difícil". Antes de mostrar este "pequeno defeito", reconheça também que você tem suas dificuldades e permita que a pessoa o ajude. Jamais corrija as pessoas publicamente. O dano será irreparável para a equipe. Valorize os progressos no comportamento positivo da pessoa.

O SEGREDO DO MACACO VELHO

Entre todos estes "saberes fundamentais" existe um que está na raiz. Os líderes de sucesso são pessoas que sabem "abrir as mãos". Sim. Parece simplório, mas é apenas isso. Abra as mãos, os braços, os ouvidos, a mente e o coração e você será bem-sucedido.

Vamos explicar este "segredo" do sucesso com um exemplo. Você sabe como se pegam macacos na África? Amarra-se uma cumbuca em uma árvore. Nela são colocadas algumas frutinhas. O caçador fabrica a cumbuca de tal forma que a mão do macaco entre aberta, mas não saia fechada. Ao pegar as frutinhas a vítima não consegue abrir as mãos, simplesmente porque os macacos não possuem a faculdade mental da reversibilidade, ou seja, pensar para trás: "Por que estou preso? Porque fechei a mão. E por que fechei a mão? Para pegar o alimento. Opa!!! Vou abrir as mãos e escaparei do caçador". Tão óbvio. Basta abrir as mãos e seremos livres, vencedores. Mas agimos exatamente como o macaco novo. Fechamos as mãos em torno de nossas ideias, de nossos paradigmas, pensamentos e interesses. Acabamos prisioneiros de nós mesmos. Como diz a canção popular brasileira: "eu, caçador de mim"!

O segredo do sucesso está em abrir as mãos. Jesus revelou isso quando disse que quem quiser ganhar vai perder e quem aceitar perder vai ganhar. Os chineses já sabiam disso quando diziam que na porta da memória existe um soldado chamado desejo. Se você insistir em querer lembrar aquele nome, dificilmente lembrará. Mas se desistir de lembrar... cedo ou tarde recordará. É o que o psiquiatra Viktor Frankl chamou de *intenção paradoxal*. Queira o que não quer e você alcançará. É o que Santo Inácio de Loyola chamou de *indiferença*. Não é apatia. É liberdade interior. É motivação autêntica. No fundo, todos descobriram a mesma coisa. Os líderes de sucesso abrem a mão. E aí... vai continuar com a mão fechada?

DEIXE O REI SER REI

Uma última dica para liderar pessoas difíceis encontrei no filme *Anna e o Rei* (*Anna and the King*), produção de 1999, direção de Andy Tennant, com Jodie Foster no papel de Anna Leonowens, uma viúva inglesa que, em 1862, vai trabalhar como professora dos filhos do rei Mongkut, em Bangkok, capital do Sião. O rei acaba se encantando com a formosura da professora, apesar de ela ter um temperamento forte e, às vezes, autoritário. Ambos mantêm um relacionamento comedido que evolui para uma amizade sincera e verdadeira.

No meio da trama, Tuptim, uma das concumbinas do rei, apaixona-se por um plebeu. Descoberta a traição, seria necessário aplicar a lei: pena de morte. O tribunal condena o casal. Somente o rei poderia aplicar o indulto real. Neste momento, Anna diz ao rei publicamente que ele deveria inocentar a moça, e apresenta vários motivos para isso. Praticamente Anna intima o rei a tomar esta atitude. Resultado: o rei ordena que se cumpra a execução. O casal é morto, conforme a determinação do tribunal.

Inconformada, Anna vai reclamar com o rei, que lhe diz: "Eu já havia decidido livrá-los da morte. Tinha autoridade para isso, até você me dizer o que fazer. A partir daquele momento, se eu livrasse o casal, estaria obedecendo a você e o reino ficaria sem rei. Anna: deixe o rei ser rei".

Moral da história: não diga à pessoa difícil o que ela deve fazer. Não tire a autoridade dela. Fale de modo que ela própria decida. Deixe o rei ser rei.

ÚLTIMA DICA: PEÇA AJUDA

Os líderes geralmente têm um grande defeito: a autossuficiência. Acham que podem resolver tudo sozinhos. Acham que se pedirem ajuda sempre estarão incomodando. Não é verdade. Se você tem alguém difícil em sua equipe, seja qual for a dificuldade dele, experimente valorizá-lo pedindo ajuda. Você terá um aliado. Não foi assim que Jesus fez quando encontrou aquela mulher samaritana junto ao poço de Jacó? Ele pediu um copo d'água. O preconceito que separava samaritanos e judeus foi superado pelo pedido de ajuda. E a mulher se tornou uma aliada de Jesus.

A ÚLTIMA CEIA
Uma leitura de Leonardo da Vinci

Esta é uma das pinturas mais conhecidas do mundo. *A Última Ceia* foi pintada por Leonardo da Vinci nos anos 1494-1498, na parede do refeitório dos dominicanos da igreja Santa Maria delle Grazie, em Milão, na Itália, e mede 4,6 × 8,8 metros. Um minucioso trabalho de restauração começou em 1979 e foi concluído em 1999. O lugar encontra-se aberto para visitas e é conhecido como "Cenacolo Vinciano". Mas é possível ver cada detalhe desta extraordinária pintura por meio da Internet. Em colaboração com o Ministério para os Bens e Atividades Culturais do governo italiano, esta e outras pinturas famosas foram fotografadas em alta definição. O resultado pode ser visto no site:

http://www.haltadefinizione.com

Nos últimos quinhentos anos, *A Última Ceia* tem recebido as mais diferentes e até contraditórias interpretações. A astrologia e algumas correntes espíritas apressaram-se em identificar ali os signos do zodíaco. Não faltou quem visse figuras escondidas entre os apóstolos. Houve até quem conseguisse enxergar um bebê nos braços de Felipe. Recentemente, o romance *O Código da Vinci* acrescentou mais uma trama conspiratória à pintura, que está no centro da narrativa imaginosa de Dan Brown, seu autor. É bom lembrar que se trata apenas de uma obra de ficção, que, lamentavelmente, alguns têm levado a sério demais, fechando os olhos para o real significado da pintura. Na verdade, o romance está repleto de erros históricos, arqueológicos e geográficos, como já foi fartamente demonstrado pelos especialistas nestas áreas. Mas não há dúvida de que o sucesso editorial reacendeu mundialmente o interesse pela obra do pintor.

Leonardo da Vinci nasceu no dia 15 de abril de 1452, no pequeno povoado de Vinci, que fica nos arredores de Florença, filho ilegítimo do escrivão Piero da Vinci com uma camponesa chamada Caterina. Trabalhou em muitos lugares, como Milão, Roma, Bolonha e Veneza. A última fase de sua vida foi passada na França, onde recebeu do rei Francisco I um pequeno castelo localizado em Cloux, perto de Ambrosie. Faleceu no dia 2 de maio de 1519, provavelmente nos braços do seu amigo rei.

Leonardo cultivou suas técnicas no ateliê do pintor Andrea del Verrochio, em Florença. Foi seu aprendiz entre

1467 e 1477, cultivando as mais diferentes habilidades, de pintor a escultor, de ferreiro a mecânico. Permaneceu muitos anos em Florença, a serviço de Lourenço, o Magnífico, da conhecida família dos Médici.

Sua vida profissional se afirma mesmo quando se coloca a serviço do duque Ludovico Sforza, o Mouro, em Milão, no norte da Itália. Desenvolve diversas armas de guerra e afirma-se como inventor, matemático, astrônomo, filósofo e engenheiro. Era também o diretor das festas da corte, para as quais chegou a desenhar figurinos e cenários.

Como vimos, foi em Milão que Leonardo pintou *A Última Ceia*. Não é difícil imaginar que mecanismo complexo de técnicas e interpretações estaria por trás de uma pintura feita neste contexto. O próprio Leonardo da Vinci explicitou isso em seu *Trattato della pittura*[14], obra em que seu aprendiz e herdeiro Francesco Melzi reuniu, após sua morte, diversos de seus manuscritos sobre o tema. A primeira edição impressa data de 1651.

É de se perguntar por que alguém tão genial e inventivo como Leonardo da Vinci levaria tanto tempo para pintar uma parede. Justamente por causa disso. Não se trata de uma simples pintura. É um código prático que contém toda a filosofia artística do gênio. Cada detalhe foi cuidadosamente pensado e projetado. Na conversa com os frades do convento dominicano, ele procurava estudar a personalidade de cada um dos apóstolos para verificar qual teria sido a sua reação corporal diante da inesperada revelação de Jesus: "Em verdade, em verdade, vos digo: um de vós me trairá"[15]. Podemos ver neste estudo de Leonardo um verdadeiro compêndio de psicologia. Ele procurava entender o funcionamento da mente e do coração de cada apóstolo antes de pintar sua face, seus pés, suas mãos. Era um incansável estudioso do corpo humano. Avançava noite adentro dissecando cadáveres para entender a dinâmica dos músculos, da pele, dos órgãos vitais. Quando pintou *A Última Ceia,* Leonardo registrou todos os seus saberes. A pintura é de uma densa complexidade geométrica, matemática, anatomica e psicológica.

Após fazer o estudo da personalidade de um apóstolo, conta-se que Leonardo saía pela cidade para procurar alguém que pudesse lhe servir de modelo. O primeiro a ser retratado foi Jesus. A última pintura foi dedicada a Judas Iscariotes. Até aqui vão os fatos. A partir daqui contam-se muitas histórias. Uma delas, muito divulgada, é que ao procurar um modelo para Judas, Leonardo teria ido a uma prisão. Ali encontrou um tipo que era exatamente como ele havia imaginado o traidor. Ao convidá-lo para ser seu "modelo", o homem teria caído aos prantos. Leonardo perguntou o motivo das lágrimas. O homem revelou que, alguns anos antes, já havia servido de modelo para o pintor. Leonardo perguntou: "Para qual apóstolo?" Ao que o homem teria respondido: "Fui o seu modelo para pintar Jesus".

Outra história que se conta em Milão — esta um pouco mais realista e provável — é que o prior do convento estava incomodado com a demora de Leonardo para concluir a pintura. Não sem razão. Imagine alguém trabalhando com tintas por quatro anos em sua cozinha. O prior foi reclamar ao duque Ludovico. Este se propôs a conversar com Leonardo. Na conversa, o pintor teria revelado que não conseguia encontrar um modelo para representar Judas Iscariotes. Ninguém aceitava. O duque, com muito bom humor, sugeriu que pintasse o prior do convento. Conta-se que Leonardo seguiu o conselho.

É possível conhecer com segurança o nome de cada um dos apóstolos na ceia pintada por Da Vinci graças a alguns estudos preparatórios em que ele esboçou a figura de cada um dos personagens. Em um destes estudos ele incluiu os nomes.

O resultado final:

Da direita para a esquerda se encontram, respectivamente, Simão (o Zelote), Judas Tadeu, Mateus, Felipe, Tiago (o Maior), Tomé, Jesus, João, Pedro, Judas Iscariotes, André, Tiago (o Menor) e Bartolomeu.

O *Códice Forster II*, conservado no Victoria and Albert Museum, de Londres, registra um texto em que o próprio Leonardo explica a dinâmica de movimentos de sua obra-prima:

> Um, que estava bebendo, deixa a caneca em seu lugar e volta a cabeça para o que acabara de falar. Outro junta os dedos e, com o olhar fixo, dirige-se ao companheiro a seu lado. [...] Outro fala ao ouvido do companheiro, e o que ouve se

> inclina para ele e lhe é todo ouvidos, segurando uma faca numa das mãos. [...] Outro, ao voltar-se, [...] derrama com a mão uma caneca sobre a toalha. Outro pousa as mãos sobre a mesa e olha. Outro cospe a comida. Outro se inclina para ver o que acabara de falar. [...] Outro puxa para trás aquele que se inclina e vê o que acabara de falar entre a parede e o inclinado.

O primeiro plano da cena é exatamente esta reação dos apóstolos, descrita assim no Evangelho de João: "Desconcertados, os discípulos olhavam uns para os outros, pois não sabiam de quem estava falando"[16].

Mas a genialidade de Leonardo não registrou a cena como se fosse uma fotografia estática da revelação inesperada de Jesus e da reação dos apóstolos. A pintura tem algo de cinematográfico, pois expressa também o momento seguinte. Vejamos como o próprio João descreve em seu Evangelho a sequência dos fatos:

> Bem ao lado de Jesus estava reclinado um dos seus discípulos, aquele que Jesus mais amava. Simão Pedro acenou para que perguntasse de quem ele estava falando. O discípulo, então, recostando-se sobre o peito de Jesus, perguntou:

> "Senhor, quem é?" Jesus respondeu: "É aquele a quem eu der um bocado passado no molho". Então, Jesus molhou um bocado e deu a Judas, filho de Simão Iscariotes. Depois do bocado, Satanás entrou em Judas. Jesus, então, lhe disse: "O que tens a fazer, faze logo". Mas nenhum dos presentes entendeu por que ele falou isso. Como Judas guardava a bolsa, alguns pensavam que Jesus estava dizendo: "Compra o que precisamos para a festa", ou que desse alguma coisa para os pobres. Então, depois de receber o bocado, Judas saiu imediatamente. Era noite[17].

A maioria dos apóstolos não sabe o que fazer e esboça uma atitude de espanto e constrangimento. O único que sabe o que fazer é o apóstolo Pedro. Segundo a descrição de Leonardo, João se *inclina* e é *todo ouvidos* para Pedro, que lhe pede para perguntar ao Mestre quem seria o traidor. Ao mesmo tempo, com uma mão segura uma faca, pelas costas de Judas Iscariotes, o traidor. Assim, Pedro se coloca entre a atitude de ternura para com o melhor amigo de Jesus e de ameaça contra o seu pior inimigo. A mesma faca seria usada após a ceia, quando Pedro tentou defender Jesus da prisão cortando a orelha de Malco[18].

Veremos agora o modo como Jesus transformou doze pessoas difíceis em uma equipe de sucesso. Sugiro que leia as próximas páginas com um olho no texto e outro na pintura de Leonardo da Vinci. Faça você mesmo o seu juízo. O pintor de Florença conseguiu retratar a personalidade de cada um dos apóstolos?

Chamo apenas a atenção para um detalhe curioso. Leonardo distribuiu os doze em quatro grupos de três. É como se fosse uma sala de aula com diversos grupos de alunos. À direita de Jesus vemos o primeiro grupo formado por Pedro, João e Judas Iscariotes. São os alunos mais atentos e participantes. Todos ali reagem. Pedro, o gerente, está em atitude de congregar o grupo todo para a reação. É o militante. João, mais sereno, ouve atentamente e fará a pergunta que porá fim ao mistério. É o místico. O único que está fora da simetria é Judas Iscariotes, que coloca a mão no mesmo prato que Jesus, sem deixar de segurar com força a sacola do dinheiro. Entre os apóstolos é o único que mantém os punhos cerrados. É o traidor.

Na extrema direita encontramos André, Tiago Menor e Bartolomeu. É o grupo dos alunos atentos, porém calados. Mesmo assim, cada um tem uma reação corporal. Bartolomeu, inseguro, apoia as mãos na mesa. André reage com as mãos abertas diante de si mesmo, totalmente desarmado, porém na defensiva. Tiago Menor, parente de Jesus, bate nas costas de Pedro como para dizer: "Isso mesmo, toma uma atitude".

O primeiro grupo à esquerda de Jesus é formado pelos alunos que estão atentos, mas não entendem nada do que está acontecendo. Tomé estende o dedo pedindo explicações. É um daqueles alunos que vivem com a mão erguida para perguntar, porém parece que a pergunta é mais importante que a resposta que irão receber. Tiago Maior, irmão de João, se assusta tanto que cospe o alimento que acabara de colocar na boca. Felipe, sempre desligado, aperta as mãos contra o peito como que sentindo uma dor que ele não sabe de onde poderia vir.

O segundo grupo à esquerda de Jesus é daqueles alunos distraídos, que se ocupam em conversas paralelas. Judas Tadeu e Simão fazem algum comentário e são advertidos por Mateus, sempre cobrador, que parece dizer a eles para prestar atenção, pois a coisa é séria.

É um retrato fiel de uma reunião de Conselho. Reúna doze pessoas e sempre terá os participantes, os atentos que compreendem, os atentos que não entendem e os distraídos. Os bons líderes sabem congregar todos estes grupos e garantir a coesão. Não é à toa que chamamos Jesus de o Mestre dos mestres.

Capítulo um
Pedro, *o impulsivo*

O apóstolo Pedro é o tipo do "líder nato". Sua sinceridade é radical. É um homem impulsivo e impetuoso. É mais levado pela ação do que pela reflexão. Promete mais do que pode cumprir. É aquele que, na torcida, puxa o grito de "gol". Vai de um extremo a outro facilmente. Tem dificuldade de esperar. Quer tudo para ontem. Chora com os que choram. Sorri com a vitória do outro. É uma pessoa simples e objetiva. Não suporta burocracias inúteis. Acredita na empresa e diz que morreria por ela, embora na hora H às vezes tenha dificuldade de apagar os incêndios; quase sempre se arrepende de suas falhas e tem coragem de pedir perdão. Reconsidera seus atos e muda a rota.

Pedro é um líder amoroso. Quem tem alguém assim em seu grupo colherá resultados de coesão entre os outros membros. Este é um tipo difícil em razão de sua instabilidade e sua impulsividade, mas se administrado com sabedoria, é o gerente ideal para toda empresa. Não faltará iniciativa. Ele não deixará ninguém ficar parado e identificará facilmente o traidor. Os "Pedros" não suportam o espírito de divisão. São pessoas pouco ambiciosas. Mas, se não forem valorizados, normalmente se tornam "pedras" no caminho do diretor.

BREVE HISTÓRIA DE PEDRO[19]

Este apóstolo é citado 154 vezes no Novo Testamento com o nome de "Pedro", ou seja, "Pedra". Na verdade, esta é a tradução para "Kefa", em aramaico, língua materna de Jesus. É chamado também 75 vezes por seu nome original, "Simão". Outras vezes aparece simplesmente como "filho de João"[20] ou na forma aramaica "filho de Jonas"[21].

Era natural da pequena cidade de Betsaida, nos arredores do mar da Galileia. Dali veio também André, seu irmão, e Felipe. Tinha forte sotaque de pescador da Galileia. Mas Pedro não era um pescador qualquer. Tinha uma pequena empresa de pesca[22] em sociedade com um tal Zebedeu, que era pai de outros dois apóstolos: João e Tiago. Devia ter alguma estabilidade econômica. Parece também que era um homem religioso. Tanto é verdade que, juntamente com seu irmão, chegou a ir à Judeia acompanhar a pregação de outro profeta, João Batista[23]. Acreditava que Deus iria intervir na situação da época, já que a região era dominada e explorada pelos romanos.

Pedro era casado. Sabemos que em certa ocasião, Jesus curou sua sogra. Por este fato sabemos também que morava na cidade de Cafarnaum, na beira do mar da Galileia e bem em frente a uma sinagoga. Pelo jeito a sogra vivia na mesma casa que Pedro[24].

No início Jesus escolheu apenas cinco apóstolos, conforme o costume dos rabinos da época. Um deles era Pedro[25]. O número doze passou a representar as tribos de Israel, ou seja, o pequeno grupo dos apóstolos seria a semente do novo povo de Deus.

Simão Pedro tinha um temperamento que unia alguns contrastes; era forte e ao mesmo tempo fraco; corajoso e ao mesmo tempo medroso; decidido e duvidoso; racional e muito emotivo; inteligente e ingênuo; capaz de dar a melhor resposta e também de dizer a maior bobagem; podemos dizer que era uma pessoa totalmente humana[26]. Pedro era pedra para construir e também para atrapalhar. Era o tipo de pessoa que costumamos chamar de "uma pedreira". Mas a qualidade que integrava todos estes paradoxos é que Pedro era uma pessoa absolutamente sincera.

A história deste primeiro grande líder do grupo formado por Jesus está detalhadamente descrita nos evangelhos. Tudo começa com o seu chamado. O Mestre pregava junto ao mar em que Pedro estava pescando. Havia grande multidão para ouvir o novo profeta famoso. Mas a coisa estava um pouco desorganizada. Os pescadores ouviam o sermão enquanto lavavam as redes. Jesus viu as duas barcas ancoradas e teve uma ideia. Entrou na barca de Simão e pediu que ele se afastasse um pouco da margem. Generosamente, o empresário da pesca fez este favor ao pregador[27]. Deu certo. O povo ficou na margem e parou o empurra-empurra.

Terminado o sermão, Jesus pediu a Simão para dar um passeio e pescar um pouco mais. O pescador argumentou que naquela noite o mar não tinha "estado pra peixe". Difícil imaginar que um pescador experiente de Cafarnaum seguiria os conselhos de um carpinteiro de Nazaré! Pedro teve humildade para dizer: "Olha, somente por causa da tua palavra vou lançar as redes"[28]. A pesca foi milagrosa. O empresário ficou muito admirado. Nem sabia o que dizer. Pediu que Jesus se afastasse, pois ele era pecador. Começou então uma conversa que o mar ouviu: "De hoje em diante serás pescador de pessoas"[29]. Ele aceitou o desafio sem imaginar como isso mudaria seus dias e toda a sua vida.

Próxima a Cafarnaum, subindo suaves montanhas, ficava uma região chamada Cesareia de Felipe. Foi ali que

Jesus fez uma espécie de pesquisa de mercado junto aos seus discípulos: "Quem dizem por aí que eu sou?"[30] Veio resposta para todo gosto. Veja o método perguntador de Jesus. Ele educava com perguntas, na melhor pedagogia construtivista. E as perguntas iam do geral para o particular. Prova disso é a pergunta seguinte da conversa: "Mas para cada um de vocês, quem eu sou?"[31] Pedro respondeu antes dos outros, como parece ser seu costume de discípulo apressado: "Tu és o Messias". Jesus deu nota dez para Pedro nesta "prova de fé". Cobriu o empresário de elogios. Disse que era um sujeito inspirado; que tinha realmente aprendido a lição; estas coisas que os professores dizem aos alunos diante de uma resposta iluminada e certeira.

Mas o fato é que Pedro não sabia exatamente o que estava dizendo. Ser o Messias significava dar a vida pela libertação do povo. Jesus tentou explicar que a vida de um messias não era somente de sonhos e de luz; havia também a cruz. Mas isso era demais para a cabeça de Pedro. Quando o Mestre descreveu o caminho do Calvário, Pedro se pôs de pé e disse: "Nada disso; vamos ficar por aqui mesmo; não temos nada que fazer na capital, Jerusalém; lá é perigoso para um profeta do interior"[32]. O Mestre olhou bem nos olhos de Pedro e disse: "Nota zero, meu amigo, você agora está sendo uma 'pedra' no meu caminho"[33]. Pedro ficou com média cinco. Iria levar muito tempo para nosso amigo entender a lição do sucesso: "Quem quer ganhar acaba perdendo; quem aceita perder acaba ganhando"[34].

Na mesma situação, outros alunos teriam abandonado o curso. Com média cinco não dava para ir adiante. Era preciso um seis para passar de ano. Mas Pedro perseverou.

Estava na multiplicação dos pães. Viu o milagre e ouviu em particular a explicação: "Tudo isso é sinal de um pão maior, de um 'pão da vida', que é a doação de suor, sangue e lágrimas para a salvação do mundo"[35]. Imagino que Pedro tenha ficado empolgado com o milagre, mas frustrado com a explicação. O profeta insistia nesta história de dar a vida.

Com isso, alguns discípulos começaram a deixar o grupo. Preferiam mais milagres e menos sermões; mais espetáculo e menos compromisso; mais luz e menos cruz. O grupo entrou em crise. Pedro deve ter considerado seriamente a possibilidade de retomar os seus negócios na empresa de pesca. Em certo momento Jesus perguntou: "Vocês querem ir embora também?". Pedro novamente se antecipou e respondeu de modo genial e com uma pergunta: "A quem iríamos nós se somente tu tens palavras de vida eterna?"[36] Ele parecia haver entendido a dimensão do Céu na terra e a pedagogia da pergunta. Sua fé ia amadurecendo e ele ia conseguindo absorver a "visão" e a "missão" de Jesus. Isso mostra que ele não estava preso a paradigmas. Era capaz de aprender o novo. Tirou outro dez. Estava com média 7,5. Nada mau. Dava para passar.

Por via das dúvidas, Jesus chamou os três do conselho central, Pedro, Tiago e João, e mostrou o céu aberto no monte Tabor. É um momento que mistura intimidade e solenidade. O Céu havia chegado por antecipação. O empresário não sabia o que dizer. Sugeriu fazer tendas e ficar para sempre naquele lugar. Sempre exagerado. Jesus mandou descer e transfigurar o mundo. Resultado: a nota de Pedro desceu para seis. Estava no limite. Dali para frente não poderia tirar nenhuma nota ruim. Prometeu que seria fiel. Afirmou que iria estudar todos os dias... estas coisas de aluno. Mas o Mestre previu a tragédia: "Antes que o galo cante você vai me negar três vezes". E não é que aconteceu? O medo tomou conta do empresário. Depois veio a tristeza. Chorou amargamente. Três respostas erradas em prova tão importante... sua média foi para quatro. Estava reprovado.

Era manhã de primavera. Jesus, já ressuscitado, convidou Pedro para uma última conversa. Estava de recuperação. Desanimado, havia retomado o trabalho de pescador. O encontro aconteceu novamente à beira do mar da Galileia.

O Evangelho de João narra este episódio com detalhes literários que às vezes passam sem que possamos perceber.

Se pudéssemos ler em grego, teríamos a noção exata da prova de recuperação de Pedro. Vamos tentar. Quando Jesus disse "amor", usou a palavra *agapáo*, que significa "amor de dar a vida". As respostas de Pedro usaram o termo *filéo*, que é um sentimento de carinho, de gostar, admirar, mas não chega a ser amor. Jesus propôs três perguntas. A primeira: "Simão, você me ama?"[37]. A resposta veio apressada como sempre: "Claro que sou teu fã". Nota zero. Mas era sincero. Como dizer que amava se tinha negado três vezes? Jesus repetiu a pergunta: "Simão, você me ama?". O empresário começou a ficar encucado com a insistência do profeta, mas a sinceridade falou mais forte e ele repetiu a resposta: "Senhor, gosto muito de ti". Na terceira vez, vendo que o aluno ia mesmo ser reprovado, o Mestre inverteu a pergunta: "Então, Pedro, você gosta de mim?". Desta vez o pescador ficou triste. Entendeu perfeitamente os limites do seu amor. Poderia ter optado por uma saída honrosa e responder que amava. Mas era um sujeito sincero. A verdade para ele estava acima de tudo. Sua resposta foi: "Senhor, sabes tudo; sabes que sou teu amigo; eu te admiro muito!". Pelo menos tinha acertado uma questão e deu para chegar na média seis. O professor deu uma ajuda para que o aluno passasse de ano. No final do terrível diálogo, Jesus simplesmente lhe disse a mesma palavra que deu início a tudo: "Segue-me". Pedro jamais deixou de seguir o Mestre. Tornou-se o primeiro Papa. Tirou nota dez na prova de fé e um pouco menos na prova do amor. O que o salvou foi a prova da sinceridade. Veja o que faz um líder de verdade.

O IMPULSIVO TORNOU-SE O PRIMEIRO PAPA

Alguns gerentes e empresários não colocariam fé na impulsividade de alguns de seus colaboradores. Nunca se esqueça de que o maior valor de um líder é sua sinceridade. Este pode ser o seu herdeiro. Este será fiel, ainda que sua média nos testes seja apenas seis. Escolha alguém que tem coração. Não se iluda com aqueles que tiram somente dez e que concordam sempre com você. Podem ser traidores. Prefira os sinceros e humanos. Prefira as pedras.

Este sujeito tão forte e tão frágil recebeu as chaves do empreendimento. Jesus colocou nele total confiança. Teria o poder de "ligar" e "desligar". Os evangelhos falam muitas coisas ainda sobre este tal de Pedro. Para nós basta esta história de um aluno mediano que se tornou o primeiro Papa da história do cristianismo. Lembre-se disso quando escolher seus colaboradores: média seis!!!

CAPÍTULO DOIS

André, *o irmão do gerente*

O apóstolo André era irmão de Pedro. Parece que os dois tinham uma pequena empresa de pesca na cidade de Cafarnaum, às margens do mar da Galileia. Portanto, estamos diante de um empresário. Jesus escolheu para o núcleo de seu grupo pessoas que já haviam obtido sucesso em seus empreendimentos. Não escolheu desocupados.

André tinha uma característica muito particular. Era um verdadeiro "relações-públicas". Foi ele quem apresentou seu irmão, Pedro, a Jesus. Foi também quem descobriu, no meio da multidão faminta, um menino que tinha cinco pães e dois peixes e os levou para que Jesus realizasse o milagre da partilha e da multiplicação de pães.

Quem não precisa deste tipo comunicativo em sua empresa? Seria o responsável pelo *marketing* ou ainda pelo Departamento de Recursos Humanos (RH). O problema é que este sujeito era irmão do gerente, Pedro. Estes laços de família costumam criar algumas dificuldades no dia a dia de nossas empresas. Como demitir o irmão do gerente? E se o parente começa a faltar no trabalho? Quem chama a atenção? No caso da política, seria nepotismo. E nas empresas familiares? É uma dificuldade a enfrentar!

BREVE HISTÓRIA DE ANDRÉ[38]

O nome de André, irmão de Pedro, chama a atenção. Não é hebraico nem aramaico. É de origem grega. Na Galileia havia influência da cultura grega. Mas escolher um nome grego para um dos filhos denota a abertura cultural da família. Este era André, um sujeito culturalmente aberto.

Nas listas dos apóstolos, André ocupa o segundo ou o quarto lugar[39]. Teve muita importância nas primeiras comunidades, afinal o irmão dele era o gerente.

Inicialmente, André era discípulo de João Batista. Ouviu este dizer que viria alguém maior do que ele. Ficou curioso. Quem seria? João Batista apontou para seu primo Jesus, chamando-o de "Cordeiro de Deus"[40]. Conversou sobre isso com um amigo e resolveu ir procurar o tal "Cordeiro". Perguntaram onde ele morava. Jesus usou seu método de sempre. Não respondeu. Provocou a experiência: "Vinde e vede". Eles foram e ficaram com Ele[41].

André foi logo contar a novidade para seu irmão, Pedro. Falou que tinha encontrado o Messias. Então, ele mesmo levou seu irmão até Jesus[42]. Com este fato podemos concluir que André foi, na verdade, o primeiro que Jesus chamou. Era um agente de *marketing*. Era um relações-públicas.

Isto se verificou ainda com mais clareza no dia em que Jesus multiplicou o pão[43]. André saiu no meio da multidão perguntando se alguém teria trazido alguma coisa para comer e se estava disposto a repartir. Enquanto o milagre não vinha, ele tomava as devidas providências. Tinha iniciativa. Encontrou um jovem que tinha cinco pães de cevada e dois peixes. Convenhamos que era até demais para uma só pessoa, mas muito pouco para toda a multidão. Desistiu. Não era suficiente. Não contava com o milagre. Com seu gesto, Jesus transformou aquele líder natural em alguém que passou a acreditar no potencial da partilha.

Em outra ocasião, um dos apóstolos exprimiu sua admiração diante da solidez e da grandiosidade dos muros de Jerusalém. Jesus afirmou que não ficaria pedra sobre pedra. André, curioso, quis saber quando a tragédia iria acontecer[44]. Não tinha medo de fazer perguntas, ainda que nem sempre entendesse as respostas.

Existe ainda um terceiro episódio que deixa entrever a personalidade de André. Aconteceu em Jerusalém, um pouco antes da morte de Jesus. Era festa da Páscoa. Havia gente de muitas culturas, raças e nações naquele lugar. Também havia alguns gregos. André e Felipe, os dois com nomes gregos, serviram de intérpretes para que eles pudessem se comunicar com o Mestre. Jesus disse aos gregos: "Chegou a hora em que o Filho do Homem vai ser glorificado. Em verdade, em verdade vos digo: se o grão de trigo que cai na terra não morre, fica só; mas, se morre, produz muito fruto"[45]. André entendeu a mensagem ao longo dos tempos. Jesus estava prevendo que sua mensagem, como uma semente de trigo, iria chegar em terras gregas e dar muito fruto. André foi um dos principais semeadores da Palavra de Jesus em terras gregas. Seu irmão, Pedro, chegou até Roma, tocando o mundo latino. André, por sua vez, foi para o mundo grego, do qual a cidade de Constantinopla é o melhor exemplo. O mundo grego e o mundo latino foram as duas colunas principais da expansão do cristianismo por todo o mundo antigo.

APRENDEU A LIÇÃO DA PROFUNDIDADE

Estes dois irmãos, André e Pedro, acabaram dando a vida pela fé. Sabedores de que nem sempre haviam sido fiéis, pediram para ser crucificados de modo diferente de Jesus. Se Pedro foi nomeado primeiro Papa, André poderia ser considerado o "ministro das Relações Exteriores" no governo de Jesus. Como podemos observar, as relações de fraternidade podem ser de grande ajuda em um grupo quando bem cultivadas. O segredo é exatamente este: cultivar as pessoas, ou seja, saber criar condições para que cada uma seja como um grão de trigo jogado na terra. Depois de morrer para algumas dificuldades, o resultado é um fruto maduro. Mesmo as sementes mais difíceis, se cultivadas do jeito certo, podem dar um fruto bom.

Pessoas como André, hábeis para fazer amigos e aproximar as pessoas, normalmente têm um defeito muito grave: a superficialidade nos relacionamentos. São espontâneas e logo no primeiro encontro deixam você à vontade como se fossem velhos amigos. Mas não estranhe se de repente esta pessoa simplesmente desaparecer ou, pior, deixar de comparecer a um compromisso importante. Foi o que aconteceu com André, que simplesmente sumiu na hora da cruz.

Jesus soube como educar André. Foi o primeiro apóstolo que conheceu e o primeiro que chamou. Foi seu braço direito em muitas ocasiões. Era um sujeito extremamente disponível e capaz. Mas o Mestre não lhe deu a "chave do cofre" nem a gerência da empresa. Cuidado para não confiar todo o comando ao pessoal do *marketing*. Para educar as pessoas em sua dificuldade é preciso dosar o poder que você concede a cada um dentro do grupo. Normalmente as pessoas como André exercem grande influência. Conhecem muitas pessoas e têm uma imensa rede de contatos. Você pode se tornar refém destas pessoas. Saiba manter o comando.

O fim da vida de André nos mostra que ele realmente aprendeu a lição. Permaneceu com toda a sua habilidade de relacionamentos, pregando sem medo da morte. Testemunhos antigos de Jerônimo, Bernardo e Cipriano atestam que, antes de seu martírio, enfrentou o governador Egeias durante o julgamento, afirmando destemidamente que Deus era o supremo juiz. Foi condenado a ser crucificado, como Jesus. Os historiadores dizem que mesmo na morte ele permaneceu sereno e forte. Era só mudar o seu discurso e seria libertado. Mas a coerência falou mais alto. Conta-se que ele teria dito: "Ó cruz, extremamente bem-vinda e longamente esperada! De boa vontade e cheio de alegria eu venho a ti".

CAPÍTULO TRÊS

Tiago Maior, *o ambicioso*

O apóstolo Tiago era um dos filhos de Zebedeu; o outro era João, o discípulo amado. Os dois eram muitos jovens quando foram chamados. Enquanto João tinha muitas ideias e dava opiniões o tempo todo, Tiago era um sujeito sem muita expressão, que preferia ficar calado. No fundo, nutria a ambição de fazer parte do "Conselho". Ficou célebre o dia em que a mãe de Tiago e João pediu a Jesus que seus filhos ocupassem os principais cargos: um à direita e outro à esquerda. Imagino a reação que isto causou nos demais. Jesus se fez de desentendido. Mas no fundo sempre manteve mais próximo de si o trio: Pedro, Tiago e João. Estiveram juntos no monte Tabor, na Transfiguração, e no Getsêmani, na hora da agonia.

Dando este cargo de confiança a Tiago Maior, Jesus soube transformar sua ambição em perseverança e fidelidade. Nem sempre a ambição é algo ruim. Mas se não for trabalhada, poderá se tornar uma fonte de discórdias no grupo. Pior do que um ambicioso falante é um ambicioso calado. No fundo, ele nutre o sonho de se tornar o "maior". Este tipo de disputa em nossas empresas pode matar o espírito de corpo. Precisamos administrar o potencial de ambição e evitar dificuldades.

BREVE HISTÓRIA DE TIAGO MAIOR[46]

Existiram dois "Tiagos" no grupo liderado por Jesus: Tiago, filho de Zebedeu, e Tiago, filho de Alfeu, conhecidos como Tiago Maior e Tiago Menor[47].

Tiago Maior, irmão de João, na lista dos apóstolos citados nos evangelhos, normalmente vem em segundo ou terceiro lugar. Como dissemos, ele fazia parte do Conselho central. Curioso que André não fizesse parte deste Conselho, mesmo sendo irmão de Pedro. Curioso também que Jesus tenha escolhido Pedro e não João como seu sucessor. O Mestre soube criar um equilíbrio de forças no grupo.

Quando esteve no monte Tabor, Tiago Maior teve o privilégio de ver o Céu por antecipação. Esta reunião foi muito interessante, pois Jesus conseguiu mostrar para o grupo mais íntimo a sua "visão". É mais fácil suportar a cruz da terra quando conhecemos a luz do Céu. Os grandes líderes sabem mostrar as metas para onde o grupo caminha. Mas existiu também o episódio do Getsêmani. Tiago Maior novamente estava lá. Era reunião do Conselho. Agora a visão seria diferente. Não veria o Mestre transfigurado, mas desfigurado. Faz parte. Grandes líderes não escondem demais suas lágrimas e seus dramas. Não sofrem sozinhos. Nem tudo em nossa vida é sucesso. Existe o tempo das "vacas magras" e das crises de estação. Por que não repartir isso com os colaboradores? Existem pessoas que escondem o quanto podem as fragilidades da empresa. Pintam um cenário de ilusão. Metas e sonhos são necessários, mas é preciso caminhar com os pés no chão. A articulação destas duas dimensões faz um líder de verdade: olhos no horizonte e pés no chão.

Tiago Maior sentiu este drama na própria pele. Nos anos 40 da era cristã, o rei Herodes Agripa, neto de Herodes, o Grande, mandou matar alguns cristãos, entre eles nosso amigo Tiago. Parece que ele teve grande importância entre os líderes da Igreja de Jerusalém após a morte de Jesus. Há testemunhos históricos que relatam uma passagem de Tiago pela Espanha. Outros afirmam que seu corpo teria sido transportado para Santiago de Compostela após o seu martírio. Este lugar tornou-se palco de grandes peregrinações. É o famoso "caminho de Santiago".

O AMBICIOSO FOI O PRIMEIRO A DAR A VIDA

E pensar que um dia Tiago viu sua mãe pedir um lugar de prestígio para ele no Reino de Jesus. Naquele dia o Mestre fez uma pergunta radical (sempre perguntas): "Podeis beber o cálice que eu vou beber?". Certamente o jovem não entendeu que cálice era esse. Rapidamente respondeu que sim. Imagino como não ficou constrangido quando ouviu a prece dramática de Jesus no Getsêmani: "Pai, afasta de mim este cálice". Entendeu que o Mestre falava de dar a vida, o sangue, o suor, as lágrimas.

Tiago, irmão de João, foi o primeiro do grupo dos apóstolos a experimentar o martírio. Ele foi capaz de beber o cálice que Jesus bebeu. Superou sua ambição. Conta-se que seu carrasco ficou comovido com sua profissão de fé e revelou a todos que também era cristão. Diante da incrível revelação, o carrasco foi condenado juntamente com Tiago. Ambos foram decapitados no ano 36 depois de Cristo.

É possível transformar a ambição em motivação autêntica. O sinal de que a transformação ocorreu de fato é a capacidade de dar a vida pelo projeto. Ambiciosos são pessoas motivadas, mas nem sempre do jeito certo. Se você tem alguém ambicioso em seu grupo, não o descarte rapidamente como um perigo. Pessoas sem nenhuma ambição normalmente são desmotivadas. Não se iluda com aqueles que se dizem desprovidos de qualquer tipo de interesse. Gratuidade plena é um atributo de Deus. Sempre somos movidos por algum tipo de interesse. Mas quando ultrapassa um certo limite, pode fazer da pessoa alguém que se move "só" em vista dos próprios interesses. Jesus soube como trabalhar isso na personalidade de Tiago Maior. Ele se tornou o primeiro apóstolo mártir.

CAPÍTULO QUATRO

Tiago Menor, *o parente do "chefe"*

Este outro Tiago aparece menos do que o anterior, por isso é normalmente identificado como "Tiago Menor". Provavelmente era filho de Maria e Cléofas, que eram tios de Jesus. Portanto, estamos diante de um parente do "chefe". Sabemos o que isso significa em qualquer empresa. Pior do que parente do gerente é parente do dono da empresa.

Jesus escolheu um de seus parentes para seu grupo. Isso não era muito comum, pois Ele mesmo disse que nenhum profeta é reconhecido em sua própria terra. Tiago, ao contrário de tantos, colocou fé em seu Mestre, primo e conterrâneo. Após sua morte, sabemos que este Tiago se tornou uma das principais lideranças em Jerusalém. Uma de suas características foi a atenção com os pobres, os excluídos, os estrangeiros, os diferentes. Era um homem capaz de superar todo tipo de preconceito.

Corremos o risco de valorizar ou depreciar rapidamente alguém somente porque é parente do "chefe". Isto não é carta de recomendação nem de reprovação para ninguém. Mas é verdade que a parentela em uma empresa pode criar dificuldades.

BREVE HISTÓRIA DE TIAGO MENOR[48]

Tiago Menor é o filho de Alfeu[49]. Sua mãe provavelmente é uma das Marias que estavam ao pé da cruz. Portanto, era natural de Nazaré e provavelmente parente de Jesus[50]. Naquela cultura os parentes eram considerados "irmãos"[51].

Após a morte de Tiago Maior, provavelmente nosso amigo, Tiago Menor, teve lugar de destaque na Igreja de Jerusalém[52]. Ele defendia que os pagãos poderiam entrar no cristianismo sem passar por todos os ritos dos judeus, como era o caso da circuncisão[53]. Isto mostra um espírito de abertura e tolerância.

O genial Paulo de Tarso afirma em uma de suas cartas que Tiago Menor teve uma visão particular de Jesus após a ressurreição[54]. Chega a citar seu nome antes mesmo de Pedro[55]. Diz até mesmo que ele é uma das colunas da Igreja. Por este testemunho podemos concluir que este Tiago não foi tão menor assim.

O PARENTE ENTENDEU A VISÃO

Há uma carta no Novo Testamento que é atribuída a Tiago. Este polêmico escrito defende que a fé sem obras é morta. Para ele, a salvação passa pela solidariedade com os pobres. Interessante que na carta ele não se apresenta como primo ou "irmão" de Jesus, mas como "servo de Deus e do Senhor Jesus Cristo"[56]. Superou as relações de parentesco. Encontrou referências maiores.

Um antigo historiador do primeiro século afirma que Tiago Menor foi morto no ano 62, apedrejado por ordem do sumo sacerdote Anano, aproveitando um intervalo de lideranças romanas[57]. Sua morte, portanto, foi uma das mais semelhantes à de seu parente, Jesus!

Ter parentes trabalhando na mesma empresa é sempre algo muito delicado. Não faltam livros que advertem para tragédias do tipo "pai rico, filho nobre, neto pobre". A dificuldade está exatamente em passar a sua visão para o filho ou parente. Ter o mesmo sangue não significa ter a mesma visão. Este é um exercício diário. Parece que com o primo de Jesus a pedagogia deu certo!

CAPÍTULO CINCO

João, *o amigo do "chefe"*

Pior do que o irmão do gerente ou o primo do dono da empresa é o amigo do "chefe". Todos imaginam que as decisões vão ser tomadas fora do ambiente formal da reunião. João era o discípulo amado. Junto com Pedro e Tiago Maior, seu irmão, formavam uma espécie de "Conselho" no grupo de apóstolos. Apesar de ser um homem capaz de grandes ideias, funcionava na chave afetiva. Há pessoas que são mais cabeça, outras são mais coração. Este era João.

Nossas empresas têm sempre diante de si o desafio de fidelizar os clientes. Para isso, não basta investir em *marketing*; é preciso melhorar o atendimento. A cordialidade de um colaborador pode fazer toda a diferença. No grupo de Jesus, se dependesse somente de Pedro, certamente não faltariam entusiasmo e motivação; se dependesse somente de Tiago Maior, não faltaria a ambição de vencer a concorrência; mas se faltasse João, o grupo perderia uma liga fundamental no grupo.

Mas convenhamos que pessoas que funcionam nesta tal de chave afetiva costumam sofrer de limites bastante sérios. Um deles é a necessidade de serem reconhecidas. Isto pode criar dificuldades e apegos pessoais que impedem de atingir a meta.

BREVE HISTÓRIA DE JOÃO[58]

João era filho de Zebedeu e irmão de Tiago Maior. Seu nome significa "graça de Deus". Estava consertando as redes na beira do mar quando recebeu o chamado do Mestre, juntamente com seu irmão[59]. Os dois aceitaram o desafio. Jesus encontrava ali o seu melhor amigo. É tido como o mais amoroso do grupo, mas é bom lembrar que nem sempre foi assim. Jesus chegou a chamar ele e seu irmão de "Boanerges", que quer dizer "filhos do trovão"[60]. Tempestade em copo d'água era com eles mesmos.

João aparece em muitas ocasiões. Viu a sogra de Pedro ser curada[61]. Viu a filha de Jairo voltar à vida[62]. Viu o transfigurado no monte Tabor[63]. Viu o desfigurado no Getsêmani[64]. Estava na santa ceia. Aliás, ele e Pedro foram os escolhidos para preparar a sala para o jantar[65]. Foi o único apóstolo a permanecer diante da cruz. Foi um dos primeiros a ver o túmulo vazio, sinal da ressurreição. Era um homem de muitas visões. Isso mesmo. João se tornaria um visionário, um místico. Quem lê seu Evangelho, suas cartas ou o Apocalipse percebe o que significa "ter visões". Provavelmente estamos diante do apóstolo mais inteligente e perspicaz. Apesar disso, não foi o escolhido para ser o chefe. É melhor que os inteligentes acima da média não tenham todo o poder. Jesus sabia a fórmula para equilibrar o grupo.

Certa ocasião, sua mãe foi até Jesus e pediu que seus dois filhos, João e Tiago, ocupassem os lugares de destaque no Reino, à direita e à esquerda[66]. De fato, é assim que Leonardo da Vinci os representa na *Última Ceia*. Jesus não deu resposta alguma à mulher, mas dirigiu-se diretamente aos dois, perguntando se eles "poderiam beber o cálice que ele deveria beber"[67]. Curiosa pedagogia que se dirige diretamente aos interessados, problematizando-os por meio de perguntas. De fato, o mestre não é o que sabe responder, mas o que sabe perguntar. Mas não pensemos que Jesus não dava respostas. Alguns dias depois do episódio que acabamos de lembrar, Jesus disse que não veio para "ser servido, mas para servir e dar a própria vida em resgate pela multidão"[68].

João é sempre apresentado como uma das "colunas" da Igreja dos primórdios[69]. Acompanha Pedro em suas pregações; comparece junto ao Sinédrio para justificar sua fé em Jesus de Nazaré; vai à região da Samaria para fazer pregações. É sempre um auxiliar. É o teólogo do grupo formado por Jesus. É um homem de ideias luminosas. Ele teve a melhor visão e, por isso, pôde passar para os outros o que vira.

Teve grande intimidade com o Mestre. Na última ceia, dizem que chegou a repousar a cabeça no peito de Jesus. Quando o Mestre disse que alguém o iria trair, Pedro imediatamente pediu que João perguntasse quem era. Não perguntou diretamente, apesar de ser um grande líder. João tinha acesso direto ao Mestre. Foi a ele que Jesus, na cruz, confiou sua Mãe. Aliás, pediu também que sua Mãe cuidasse de João. Era jovem.

Em seu Evangelho existe uma frase que define toda esta relação de intimidade. Normalmente o Mestre era considerado como um "senhor" e os seguidores como "servos". Mas João registra a seguinte frase de Jesus: "Já não vos chamo servos, mas amigos".

O EMOTIVO ENTENDEU A LIÇÃO DO AMOR

Parece que no cristianismo dos primeiros tempos, João não se fixava em apenas um lugar. Era um pregador itinerante. Ia de comunidade em comunidade para passar a sua visão. A Igreja Oriental o chama simplesmente de "o teólogo". Era capaz de falar daquilo que vira. Seus escritos são de incrível profundidade. Provavelmente é dele a frase mais sintética e profunda da Bíblia: "Deus é amor"! Dele é também o menor versículo da Sagrada Escritura: "E Jesus chorou". Estamos diante de uma razão fecundada pela sensibilidade. É simplesmente genial. Provavelmente morreu na cidade de Éfeso em idade muito avançada. Foi o único do grupo que não sofreu o martírio.

Passar do afeto para o amor não é algo óbvio ou natural. Ainda existe quem imagine que amor e paixão são sinônimos. Não são. Amar é querer e fazer o bem para o outro; paixão é querer o outro para o seu próprio bem. No amor o referencial é o outro; na paixão a referência principal é o ego. O amor é como uma pedra onde é possível construir relações verdadeiras. A paixão é como a areia da praia; não é fundamento sólido. O amor é eterno; a paixão não dura. O amor é como o Sol... está sempre lá gerando calor e vida; a paixão é como as estações do ano... hoje é inverno, amanhã será verão! Não é possível viver sem paixões. Nas quatro estações da vida vivemos paixões tórridas como o verão. Mas um dia vem o outono e as folhas caem. Chega o inverno e a força das árvores vai para a raiz. É o tempo da poda. A primavera sempre vem trazendo flores e frutos. Árvores podadas florecem muito mais.

João entendeu esta dinâmica. Vejamos um breve texto de sua primeira carta onde aparece claramente o que ele entendeu por "amor":

> Não vos admireis, irmãos, se o mundo vos odeia. Sabemos que passamos da morte para a vida, porque amamos os irmãos. Quem não ama permanece na morte. [...] Nisto sabemos o que é o amor: Jesus deu a vida por nós. Portanto, também nós devemos dar a vida pelos irmãos. Se alguém possui riquezas neste mundo e vê o seu irmão passar necessidade, mas diante dele fecha o seu coração, como pode o amor de Deus permanecer nele? Filhinhos, não amemos só com palavras e de boca, mas com ações e de verdade![70]

O que impressiona neste texto é que o amor já não é visto como uma retórica poética. Não se trata de uma bela canção de amor. Amar é dar a vida, é solidarizar-se com os pobres, é amar em gestos.

Pessoas que funcionam em chave de afeto, como João, podem levar algum tempo para entender esta dinâmica do amor. São pessoas bem-intencionadas, mas muito carentes. Precisam de salário afetivo. Não é inteligente você negar-lhes este combustível. Jesus deu toda a atenção e todo o afeto a João. Porém, não fez dele o Papa. Confundir afetos com decisões é tão trágico quanto colocar o coração no lugar do cérebro. O segredo é unir razão e sensibilidade, inteligência e emoção. Não seja um líder frio. Elogie. Dê afeto. Mas faça ver que amor é um pouco mais.

É emblemático que o afetivo João tenha sido o único apóstolo a não padecer o martírio. Por que será?

CAPÍTULO SEIS

Mateus, *o diferente*

Este deve ter sido um dos que criaram mais dificuldade no grupo dos doze apóstolos. Simplesmente porque era alguém totalmente diferente dos outros. Era um "publicano", ou seja, não era um sujeito lá muito religioso. O serviço de cobrança de impostos dos romanos que dominavam a região era terceirizado. Mateus era um cobrador de impostos, provavelmente na região de Cafarnaum. Não imagino que os empresários da pesca, Pedro e André, tenham gostado muito da escolha de Jesus.

Em nossas empresas muitas vezes nos deparamos com colaboradores que são diferentes de todos os outros. A tendência natural do grupo é isolar esta pessoa como se fosse o "patinho feio". Há empresas em que o diferente sofre tanto que acaba mesmo pedindo a conta.

Saber incluir o diferente no grupo é uma habilidade dos grandes líderes. O resultado é que a diferença enriquece. Se você escolhe uma equipe de colaboradores homogênea demais, pode estar construindo uma equipe pobre. O que seria de um time feito somente de bons atacantes? Certamente sofreria gols absurdos. Diversificar é sempre uma ótima estratégia.

BREVE HISTÓRIA DE MATEUS[71]

Temos poucas notícias sobre a história de Mateus. Sabemos que ele figura em todas as listas dos doze apóstolos que encontramos nos evangelhos. Seu nome em hebraico significa "dom de Deus". Temos até um evangelho com seu nome, onde Mateus é apresentado como "o publicano". Era cobrador de impostos e estava exercendo esta função quando Jesus passou e fez o chamado. Ele não pediu para pensar. Simplesmente levantou-se e seguiu Jesus. Poucas pessoas com um bom emprego seriam capazes de uma decisão tão imediata. Estamos diante de um apóstolo culto e bem de vida. Apesar disso, era alguém capaz de correr riscos de viver a abnegação. Os evangelistas Marcos e Lucas narram a mesma cena do cobrador de impostos, mas o chamam de Levi.

Jesus havia acabado de fazer um milagre em Cafarnaum. Pela proximidade dos textos, podemos concluir que era nesta cidade que Mateus exercia sua profissão. Cobrava impostos para os romanos na beira do mar da Galileia. Deve ter cobrado impostos de Pedro, André e Zebedeu.

Várias coisas chamam a atenção neste fato. A primeira é que o Mestre tenha escolhido alguém tão diferente dos outros, até adversário, colaborador dos romanos. Outra é que não tenha confiado as finanças do grupo a Mateus, mas a Judas Iscariotes. Costumava requalificar seus seguidores e diversificar os talentos. Parece que o Mestre de Nazaré acreditava mesmo no potencial de liderança das pessoas difíceis. Ser publicano significava ser um "pecador público". Mateus era publicano e ainda assim foi escolhido para a equipe.

Por andar com gente assim, não faltaram críticas: "Como um profeta pode se envolver com publicanos, prostitutas, pecadores?". Um dia o Mestre disse: "Não são as pessoas com saúde que precisam de médico, mas as doentes. Não é a justos que vim chamar, mas a pecadores"[72]. É a sabedoria de quem sabia que por trás daquele rosto publicano havia um grande coração. Jesus não se movia por preconceitos. Sabia ver antes o que existia no interior das pessoas. Sabia ler o potencial humano. Por isso, sua equipe de doze pessoas difíceis foi vencedora nos últimos dois mil anos de história. Ele conseguiu passar a sua visão para quase 92% do grupo.

Os evangelhos guardam muitas histórias em que Jesus mostra o valor das pessoas difíceis e pecadoras. Uma das mais conhecidas é aquela em que um fariseu e um publicano vão ao templo para rezar. O primeiro, fiel observante da Lei, colocou-se na frente e fez sua oração de justo mais que perfeito. O publicano, curiosamente um cobrador de impostos, ficou lá atrás e bateu no peito reconhecendo humildemente seus pecados. Jesus concluiu: "[...] este último voltou para casa justificado, mas o outro não. Pois quem se exalta será humilhado, e quem se humilha será exaltado"[73].

A humildade é o princípio da sabedoria. Pois quem sabe que não sabe tem espaço na mente e no coração para aprender mais. O orgulho é o princípio da mediocridade, pois quem pensa que tudo sabe está com a mente fechada para aprender o novo. Será sempre igual.

Outra coisa que chama a atenção na vocação de Mateus é que, assim como Pedro e tantos outros, quando Jesus o chamou ele estava trabalhando. Ao montar sua equipe, Jesus não foi atrás de desocupados. Ele preferiu quem estava trabalhando. Eles não seguiram o Mestre por não ter outra opção. Já tinham um bom trabalho. Pense nisso ao procurar seus colaboradores. Podem ser pessoas difíceis, mas não desocupadas.

O DIFERENTE ESCREVEU A MISSÃO

Mateus foi muito importante no grupo dos apóstolos. A tradição da Igreja atribui a ele a autoria do primeiro evangelho. Antigas fontes relatam que Papias, bispo de

Hierápolis, na Frígia, já em torno do ano 130 teria relatado: "Mateus reuniu as palavras [do Senhor] em língua hebraica, e cada um as interpretou como podia"[74]. Este original do Evangelho de Mateus em hebraico ou aramaico não chegou até nós. Temos somente sua versão em grego, na qual ainda é possível ouvir a voz do velho publicano que, de pecador público, se tornou um dos maiores publicitários do grupo dos apóstolos. A vida e os milagres do Mestre se tornaram públicos pela escrita de Mateus.

Quando formamos uma equipe, normalmente buscamos um mínimo de harmonia. Mateus era um tipo que destoava do grupo. Era muito diferente. Justamente este foi o secretário do grupo. Foi quem teve a preocupação de organizar os arquivos. Precisamos de alguém assim no grupo. Pode ser uma pessoa diferente e até "cobradora" demais, mas sem um secretário zeloso dificilmente uma empresa prosperará.

Capítulo sete
Felipe, *o desligado*

O apóstolo Felipe tinha uma grande qualidade e um grande defeito. A qualidade é que era capaz de aproximar as pessoas, como fez aproximando o apóstolo Bartolomeu de Jesus. Assim como André, era um "relações-públicas", mas sofria de certa superficialidade. Conheço pessoas assim, que são amigas de quase todos e de quase ninguém. Estão sempre cercadas de muita gente e se sentem sozinhas.

Para se ter uma ideia de como esta dificuldade era séria, um dia Jesus reclamou: "Felipe, faz tanto tempo que estamos juntos e você ainda não me conhece?" De fato, era um sujeito um pouco desligado. Conheço alunos que são capazes de passar quatro anos diante de um professor e ao final do curso, em duas semanas, esquecer todas as lições. Os colaboradores ao estilo "Felipe" estão sempre um pouco ausentes. Eles têm dificuldade para entender a "visão" e a "missão" da empresa. Precisam ser auxiliados para mergulhar em águas mais profundas, pois normalmente gostam de pescar na beira da lagoa.

BREVE HISTÓRIA DE FELIPE[75]

Existem várias listas dos apóstolos na Bíblia[76]. Felipe é sempre citado em quinto lugar, portanto, entre os primeiros. Chama a atenção que, apesar de ser original de Israel, seu nome seja de origem grega, assim como o nome de André. Isto pode significar uma abertura a culturas diferentes. É por isso que os chamamos de "relações-públicas" do grupo escolhido por Jesus. Ambos eram da pequena cidade de Betsaida[77]. Mas tinham os olhos voltados para além de seu pequeno jardim.

Um dos episódios em que Felipe exerce esta sua "função" de relações públicas passou-se logo depois que Jesus o chamou. Ele encontrou Natanael e deu a notícia: "Encontramos Jesus, o filho de José, de Nazaré, aquele sobre quem escreveram Moisés, na Lei, bem como os Profetas"[78]. Já vimos de que modo irônico Natanael reagiu: "De Nazaré pode sair algo de bom?". Seria o suficiente para Felipe desistir, mas um verdadeiro "relações-públicas" não desiste nunca.

Ao contrário, sua reposta é clara, objetiva e instigante: "Vem e vê"[79]. Provoca o irônico Natanael a fazer ele mesmo a experiência. Este é o segredo de quem tem o dom de colocar as pessoas em contato. Não revela tudo. Mantém o mistério e deixa que o outro descubra o que está perdendo. Jesus não estava procurando fãs ou admiradores incondicionais. Também não procurava apenas pessoas dispostas a ouvir seus discursos e aprender novas teorias. Ele procurava formar uma equipe coesa de pessoas que chegassem a ser mais que amigos e mais que irmãos. Para isso, seria necessário andar com Ele e conhecê-lo pessoalmente. Felipe, com certeza, foi um dos que entenderam esta mensagem. Apesar de meio desligado, sabia estabelecer ligação entre as pessoas. Este é um mistério da personalidade das pessoas que têm este dom de ser "relações-públicas". Podem ser rapidamente amigos de mil pessoas, mas nem sempre esta amizade tem raízes muito profundas. Os agentes de *marketing* têm este tipo de "pé de barro". O sorriso é rápido e fácil, mas nem sempre profundo, nem duradouro. São pessoas que variam de uma alegria contagiante para uma tristeza profunda. São repletas de amigos e costumam experimentar momentos de radical solidão.

Outra ocasião em que Felipe recebeu uma missão importante foi na multiplicação dos pães. Jesus perguntou onde seria possível comprar pão para tanta gente[80]. Felipe respondeu, de modo desanimador, que uma fortuna não daria para comprar um pedacinho para cada pessoa faminta que estava ali[81]. É o realismo do marketeiro. Se não tem jeito... não tem jeito! Ele não contava com o milagre.

Há ainda outro episódio em que o nosso "relações-públicas" entrou em ação. Em Jerusalém estavam alguns gregos que haviam vindo para a festa da Páscoa. Tinham um grande desejo de conhecer Jesus. Certamente Felipe sabia qualquer coisa da língua grega, pois estas pessoas o procuraram, dizendo que "queriam ver Jesus". É curiosa a estratégia. Felipe não os levou diretamente ao Mestre. Primeiro foi falar com André e os dois foram falar com Jesus[82]. Aqui já temos uma verdadeira equipe de *marketing* no grupo escolhido por Jesus.

Gostaria de recordar ainda outro episódio da vida deste apóstolo. Aconteceu durante a última ceia. Jesus estava fazendo um longo discurso e, entre outras coisas, disse que conhecê-lo significava também conhecer o Pai[83]. Foi nesta ocasião que Felipe, por impulso natural, fez um pedido como se não tivesse entendido nada do que o Mestre tinha falado: "Senhor, mostra-nos o Pai, isso nos basta"[84]. Jesus se surpreendeu: "Felipe, há tanto tempo estou convosco, e não me conheces? Quem me viu tem visto o Pai. Como é que tu dizes, 'Mostra-nos o Pai'? Não acreditas que eu estou no Pai e que o Pai está em mim? [...] Crede-me: eu estou no Pai e o Pai está em mim"[85]. Convenhamos, Felipe poderia ter dormido sem essa. Mas acabou conseguindo de Jesus uma revelação que os teólogos estudam até hoje. Jesus veio para revelar a face do Pai.

O DESLIGADO LEVOU A EMPRESA ADIANTE

Segundo a tradição, Felipe foi fiel aos ensinamentos de Jesus até o final de sua vida. Teria atuado como apóstolo nos arredores da Grécia e depois na Frígia, onde foi morto crucificado ou apedrejado.

Felipe era distraído e desligado, mas queria aprender; fazia perguntas, estava sempre presente. Este é um tipo que às vezes nos irrita, pois faz perguntas fora de hora ou que já foram respondidas minutos antes. Aparentemente não estão muito interessados no assunto. Cuidado. Pode ser um juízo apressado. Toda distração é uma forma intensa de concentração. Os distraídos estão concentrados, só que na coisa errada.

Pessoas desligadas podem chegar a conclusões surpreendentes. É bom ter alguém assim no grupo. Ele ficará no seu canto durante toda a reunião. No final será capaz de contribuir com algo novo. Além disso, estas pessoas normalmente têm uma bondade natural capaz de cativar. Tenho a impressão de que Felipe era assim: naturalmente bondoso e pacífico, tão diferente de Pedro, agitado e impulsivo. Mas lembre-se de que uma boa equipe precisa da iniciativa de Pedro e da bondade de Felipe.

CAPÍTULO OITO
Tomé, *o descrente*

Este é um personagem bastante conhecido porque precisou "ver para crer", enquanto a lógica do Mestre de Nazaré era "crer para ver". Tomé não entendeu. Precisava tocar com as mãos; ver com os próprios olhos; era um descrente.

Todos os dias nos deparamos com pessoas que não acreditam em nossos sonhos, ideais e visões. Algumas vezes esta dificuldade torna o grupo todo mais pesado. Existe sempre aquele que questiona: "Que garantia temos de que isso vai funcionar? Foi feita alguma pesquisa de mercado? Precisamos conferir o relatório! Nunca ninguém tentou fazer deste modo! Duvido que isso dê certo!". A ladainha da desconfiança é longa e chata. Alguns "Tomés" não falam, mas olham com a ironia típica do descrente.

O curioso na história de Tomé é que ele não estava no meio do grupo no dia em que Jesus apareceu ressuscitado. Depois ninguém o convencia de que de fato o grande milagre tinha acontecido. Ele queria provas. Os descrentes normalmente são ausentes. Eles perdem o ritmo do grupo e depois não conseguem comungar com as ideias. São pessoas difíceis.

BREVE HISTÓRIA DE TOMÉ[86]

O nome deste apóstolo vem do hebraico *ta'am,* que significa "junto" ou "gêmeo". No evangelho ele é chamado de "Dídimo"[87]. Em grego esta palavra também significa "gêmeo". Não se sabe exatamente o motivo. Nas listas dos evangelhos ele aparece ao lado de Mateus e outras vezes ao lado de Felipe. Está entre um cobrador e um desligado.

O evangelista João é quem dá mais características da personalidade de Tomé. A primeira é uma apressada disposição para seguir o Mestre, até a morte se preciso. Basta lembrar a ocasião da morte de Lázaro, que era um grande amigo de Jesus. O Mestre resolveu ir à Betânia, que ficava nos arredores de Jerusalém. Isto era muito perigoso. Alguns apóstolos ficaram com medo. Tomé disse aos companheiros: "Vamos nós também, para morrermos com ele"[88]. Esta disposição de seguir em direção à meta custe o que custar é a marca do colaborador ideal. Ele sabe que para chegar aos melhores resultados é preciso passar por um caminho estreito. Tomé de certa forma já conhecia a lição dos economistas modernos de que o lucro é a remuneração do risco. Estava disposto a seguir o caminho de sangue, suor e lágrimas. Como diz um dos Salmos, "quem semeia com lágrimas, com sorrisos colherá".

Esta disposição de Tomé aparece também no longo diálogo da santa ceia. Jesus preparava o coração de seus discípulos para a hora da cruz. Ele dizia que estava de partida e iria preparar um lugar para eles. Neste contexto, disse de modo quase enigmático: "E para onde eu vou, conheceis o caminho"[89]. Tomé perguntou, quase sem pensar: "Senhor, não sabemos para onde vais. Como podemos conhecer o caminho?"[90]. Nem parece o mesmo que estava disposto a seguir o Mestre até a morte se fosse preciso. Isto revela que nem sempre as disposições externas e as palavras corajosas revelam o que está no coração. Por isso uma empresa não pode viver somente de reuniões. Diante destas palavras de Tomé, Jesus pronunciou a famosa frase: "Eu sou o caminho, a verdade e a vida"[91].

Tomé não entendeu e foi sincero o bastante para pedir explicações ao Mestre. Ele preferia viver de certezas.

Não era muito forte na fé. Isso fez que, depois da morte de Jesus, começasse a faltar nas reuniões. Em uma delas Jesus apareceu ressuscitado. Tomé não estava lá. Mas uma semana depois acabou comparecendo e... claro... não acreditou nas histórias que ouviu.

Conhecemos bem o final da história. Tomé disse aos amigos: "Se eu não vir a marca dos pregos em suas mãos, se eu não puser o dedo na marca dos pregos, se eu não puser a mão no seu lado, não acreditarei"[92]. A sutileza da descrença de Tomé não foi percebida por todos. Ele não falou do rosto de Jesus. Para acreditar precisava ver os sinais de sua paixão.

Dito e feito. Oito dias depois, Jesus apareceu novamente. Desta vez Tomé estava na reunião. O Mestre foi direto ao descrente e disse, fulminante: "Põe o teu dedo aqui e olha as minhas mãos! Estende a tua mão e coloca-a no meu lado e não sejas incrédulo, mas crê!"[93]. A reação de Tomé foi espontânea e maravilhosa: "Meu Senhor e meu Deus!"[94]. As últimas palavras de Jesus ao apóstolo descrente são uma lição do quanto a fé é importante para uma equipe: "Crestes porque me viste? Bem-aventurados os que não viram, e creram"[95].

A questão é complicada. O que você acha? É preciso "ver para crer"... ou "crer para ver"?! A fé, na verdade, é uma visão. Um grupo só pode avançar em seu empreendimento se tem a visão. Para liderar alguém difícil é preciso passar a sua visão. Jesus fez Tomé ver. Tomás de Aquino, o grande santo, filósofo e teólogo medieval, afirma a propósito: "Merece muito mais quem crê sem ver do que quem crê porque vê"[96].

O DESCRENTE ENTENDEU A VISÃO DA FÉ

O papa Bento XVI afirma: "O caso do Apóstolo Tomé é importante para nós pelo menos por três motivos: primeiro, porque nos conforta nas nossas inseguranças; segundo, porque nos demonstra que qualquer dúvida pode levar a um êxito luminoso além de qualquer incerteza; e por fim porque as palavras dirigidas a ele por Jesus nos recordam o verdadeiro sentido da fé madura e nos encorajam a prosseguir, apesar das dificuldades, pelo nosso caminho de adesão a Ele"[97].

Antigos teólogos e historiadores, como Orígenes e Eusébio de Cesareia, atestam que Tomé teria ido para a Síria, depois para a Pérsia, e que chegou até a Índia, onde teria sido morto com uma flechada. Parece que nunca mais lhe faltou a fé como combustível para anunciar a verdade na qual jamais deixou de acreditar.

O nome de Tomé virou sinônimo de falta de fé. Sempre temos um "Tomé" em nossa equipe. Quando apresentamos aquele projeto ambicioso, alguém sempre tem dificuldade de ver e de acreditar. Sem fé dificilmente um empreendimento vai adiante. O bom líder saberá suscitar a fé em seus colaboradores. Para isso é fundamental transmitir a sua visão. Ninguém acredita sem ver. Nisso Tomé tinha toda a razão. Mas é preciso ver sem ver. Dá para entender? Neste ponto Tomé teve dificuldade. Quando um líder tem uma visão de futuro, uma visão de projeto, ele sabe interiormente que aquilo dará certo. É uma certeza intuitiva; uma certeza de fé. Lembre-se de que nem todos tiveram a mesma visão. Aliás, é possível que somente você esteja vendo desta forma. Deixe que a dúvida do grupo aflore. Não exija dele uma "fé cega". Deixe que "toquem" em sua visão. Gaste tempo para transmitir ao grupo esta "mística", pois sem ela não haverá militância.

A "missão" que as empresas colocam na parede, na verdade, é a tradução operativa de uma visão. Um líder só conseguirá a coesão em torno da missão se antes tiver conseguido a coesão em torno da visão. Haverá sempre um Tomé. Isso é muito bom, pois as dúvidas dele ajudarão o grupo a ver melhor. Pior é o caso daqueles que não exprimem suas dúvidas de fé; seguem o líder sem nada ver. Normalmente estes são os primeiros a desistir do projeto quando alguma coisa vai mal.

Bendito o grupo que tem um Tomé, pois suas dúvidas aumentarão em todos a visão e a fé!

Capítulo nove
Bartolomeu, *o irônico*

O apóstolo Bartolomeu provavelmente é o mesmo que as Escrituras chamam de Natanael. Logo no primeiro encontro, Jesus lhe deu um grande elogio: "Este é um verdadeiro israelita, no qual não há falsidade". Isto é muito curioso se lembrarmos que o mesmo apóstolo pronunciou a frase de fina ironia: "De Nazaré pode sair algo de bom?"

Dificilmente alguém que saísse com uma afirmação dessas em uma entrevista de emprego seria aprovado. Jesus entendia as coisas em uma lógica um pouco diferente. Ele conhecia o potencial de observação dos irônicos. Melhor tê-los a seu favor.

A ironia e as meias palavras são pragas em nossas empresas. Apelidos, conversas de corredores ou no cafezinho, anedotas sobre companheiros, tudo isso pode parecer divertido no começo, mas quando se torna uma cultura de grupo, transforma-se em tumor maligno. É preciso fazer a cirurgia antes que a vida da empresa doente esteja em risco. O elogio é um antídoto infalível contra a ironia. Os verdadeiros líderes sabem como tratar os irônicos e ganhá-los para seu empreendimento. Caso contrário, você terá uma raposa no meio das galinhas.

BREVE HISTÓRIA DE BARTOLOMEU[98]

Nas antigas listas dos doze apóstolos, Bartolomeu sempre aparece antes de Mateus. Antes dele, às vezes, vem Felipe[99], outras vezes vem Tomé[100]. Seu nome tem origem aramaica, em que a partícula *Bar* significa "filho". Assim, *Bar* Talmay quer dizer "filho de Talmay".

Não sabemos ao certo sua origem. Ele sempre aparece na periferia dos relatos. Muitas vezes aparece identificado como Natanael, cujo nome significa "dádiva divina". Se esta identificação está correta, sabemos que Natanael era originário de Caná[101]. Possivelmente este apóstolo teria sido testemunha do primeiro milagre, quando Jesus transformou água em vinho durante uma festa de casamento[102]. Os teólogos costumam identificar Bartolomeu com Natanael porque este é colocado pelo Evangelho de João ao lado de Felipe, o lugar de Bartolomeu nos outros evangelhos. Vamos imaginar, então, que os dois sejam a mesma pessoa.

Felipe disse que finalmente havia encontrado o Messias. Natanael reagiu preconceituosamente: "De Nazaré pode sair algo de bom?"[103] De fato, era frustrante para as expectativas messiânicas da época que o Messias viesse de uma cidade da periferia como Nazaré. Estamos diante de uma pessoa irônica e preconceituosa. Este tipo de atitude é muito comum em nossas equipes de trabalho. O conselho de Felipe já foi repleto de sabedoria: "Vem e vê"[104]. Nada melhor do que a própria experiência. É melhor deixar o outro experimentar do que querer convencê-lo à força de palavras.

Mais interessante foi a reação de Jesus quando viu Natanael. Ele disse: "Este é um verdadeiro israelita, no qual não há falsidade"[105]. Sinceramente, você faria um elogio desses a alguém que tivesse agido de maneira preconceituosa com sua cidade natal? Funcionou. Natanael ficou curioso: "De onde me conheces?"[106]. Jesus respondeu de modo enigmático: "Antes que Felipe te chamasse, quando estavas debaixo da figueira, eu te vi"[107]. Naquele momento, o irônico Natanael começou a mudar sua atitude. Foi aceito e compreendido por aquele com quem agira preconceituosamente. Desta forma, Jesus exerceu sua capacidade de liderança, ao romper com o círculo vicioso da revanche e inaugurar o círculo virtuoso da solidariedade. Ele mostrou que conhecia muito bem Natanael.

O IRÔNICO SE TORNOU SEGUIDOR FIEL

Este discípulo entendeu que o preconceito existe porque falamos sem conhecer. A superação máxima do preconceito foi a confissão de fé de Natanael, que então mostrou que sabia exatamente quem era Jesus: "Rabi, tu és o filho de Deus, tu és o Rei de Israel"[108]. Quer ser reconhecido? Reconheça até mesmo aqueles que desprezam e agridem você.

Não sabemos muitas coisas a respeito de Bartolomeu-Natanael. Um antigo historiador do século IV afirma que ele teria ido até a Índia[109]. As narrativas populares dão notícias de que sua morte teria acontecido por esfolamento. Desta maneira ele foi retratado no teto da Capela Sistina, segurando sua pele em uma das mãos, onde Michelangelo deixou estampado seu autorretrato, como uma assinatura da obra magna.

Saiba administrar a língua afiada dos irônicos dando-lhes um elogio sincero na hora certa. Você ganhará um aliado de peso. Saiba que a ironia sempre esconde um complexo de insegurança e inferioridade. Leonardo da Vinci retratou isso de modo sutil mostrando Bartolomeu (último à direita de Jesus) apoiado com as mãos sobre a mesa. É a postura que revela insegurança. Da Vinci sabia disso. Se alguém em seu grupo é irônico e agressivo, saiba que no fundo é carente e inseguro. Você poderá administrar facilmente a situação mostrando a ele que tem todo o seu apoio.

Normalmente não agimos assim. Preferimos o "olho por olho, dente por dente". Diante da ironia, somos apressados em responder. Jesus fez diferente. Deu certo. Sei que não é fácil "engolir sapos", mas é bem mais inteligente. Bartolomeu que o diga. O irônico virou santo.

CAPÍTULO DEZ

Simão, *o "zeloso"*

Do apóstolo Simão não sabemos muito mais do que seu nome. Era chamado de Simão, o Zelote, pois fazia parte de um partido extremamente radical em Israel. Este partido queria pegar em armas para recuperar a independência da nação, lutando contra os romanos. Normalmente Simão é confundido com Pedro, que originalmente se chamava Simão. Por isso, alguns imaginam que o episódio em que um dos apóstolos cortou a orelha de um soldado com sua espada deveria ser atribuído a Simão, o Zelote, e não a Pedro, como normalmente imaginamos.

O fato é que Jesus escolheu para compor seu grupo um tipo radicalmente zeloso. Temos estes tipos em nossas empresas. Não é difícil reconhecê-los. São muito fiéis às suas tarefas. Fazem tudo exatamente como o "chefe" mandou. Raramente questionam. Para eles, lei é lei. Não importa se isso pode ferir as pessoas; se está nas normas é para ser cumprido. São pessoas ótimas para estabelecer padrões e agilizar a burocracia da empresa. Mas o radicalmente zeloso tem fraca inteligência emocional, pouca tolerância e se esforça para negar as razões do coração. Ele prefere organizar os arquivos a se relacionar com as pessoas. Este é difícil mesmo!

BREVE HISTÓRIA DE SIMÃO[110]

Simão é um dos mais desconhecidos discípulos de Jesus. Para piorar, ele é confundido com Simão Pedro. Nas listas dos apóstolos que encontramos na Bíblia, sempre é citado ao lado de Judas Tadeu[111]. Foi desta forma que Leonardo da Vinci o retratou na *Última Ceia*. Nas diversas listas, Simão recebe apelidos diferentes. Mateus o chama de "cananeu"; Lucas, de "zelote". Estes dois podem ser sinônimos, já que em hebraico o verbo *qanà'* significa "zeloso". Mesmo se não pertenceu ao movimento radical e nacionalista dos zelotes, Simão era considerado alguém "dedicado", "zeloso". Era o contrário de Mateus, considerado "o diferente", o "publicano". Na *Ceia*, Leonardo coloca Mateus chamando a atenção de Simão e Judas Tadeu, que estavam distraídos. Sutil.

Esta diversidade de pessoas no grupo mostra que Jesus não escolheu um grupo homogêneo. Ele preferiu a diversidade de cultura, origem, personalidade. Um grupo assim é bem mais difícil, porém o resultado é sempre melhor. Grupos homogêneos demais costumam ser mais fracos na liderança. A diversidade das notas é que faz o acorde.

O ZELOSO RECONFIGUROU SEU ZELO

Segundo relatos populares, após a ressurreição Simão teria se tornado um incansável missionário, indo primeiro ao Egito, de onde teria voltado via África do Norte, Espanha e Bretanha, chegando até a Ásia Menor. A partir daí, provavelmente viajou com Judas Tadeu para a Mesopotâmia e a Síria. Seu martírio teria sido já em idade avançada, durante o império de Trajano. Sua festa é celebrada juntamente com a de São Judas Tadeu, no dia 28 de outubro.

Simão nos lembra aquelas pessoas extremamente zelosas que normalmente fazem parte de nossas equipes. Elas funcionam com o foco na tarefa a cumprir. Não importam tanto as pessoas. O importante é deixar tudo de acordo com a lei. Gostam de arquivos, papéis, máquinas e organização. São hábeis em estabelecer padrões e ficam realizados quando conseguem um domínio total sobre o processo. Estas pessoas são importantes e, até mesmo, fundamentais.

Os líderes normalmente são um pouco desorganizados. O zeloso ajuda muito o líder, porém pode colocar tudo a perder se tem autoridade demais. Leonardo da Vinci coloca Simão na extrema esquerda de Jesus, quase fora do quadro. É uma posição bem escolhida. Os zelosos devem reconhecer qual é o seu lugar.

Enquanto alguns apóstolos estavam interessados em afeto, lugar na corte ou solução imediata, o zeloso pensava nos interesses coletivos. Normalmente é uma pessoa que tem facilidade de colocar o bem comum acima do bem pessoal. Isso é um valor que precisa ser cultivado. Estão atentos a detalhes que normalmente escapam à maioria. Isto também é um valor, mas pode fazer deles produtores de inútil burocracia. Por exagero de zelo, são capazes de colocar três fechaduras na mesma porta. Neste momento, é necessário colocar limites ao seu zelo e ajudá-los a reencontrar o foco.

Capítulo onze
Judas Tadeu, *o contemporizador*

O apóstolo Judas Tadeu, juntamente com Simão, é outro de quem sabemos pouco. Durante os três anos da vida pública de Jesus, ele sempre ficou calado. Na última ceia, porém, fez uma pergunta fundamental: "Senhor, como se explica que tu te manifestarás a nós e não ao mundo?". Isto revela a personalidade de alguém que estava consciente da importância histórica daquele momento e gostaria que mais gente participasse da festa.

Em nossas empresas temos estes tipos calados e que preferem colocar panos quentes nas situações mais diversas. Ao contrário de Simão, que era radicalmente zeloso, Judas Tadeu parecia não ter partido. Era do tipo que não torcia para time algum. Preferia não ter inimigos. Ser pacífico é uma qualidade, mas às vezes atrás do véu da paciência esconde-se o "pacato cidadão".

Este tipo sempre acaba fazendo parte de nossos colaboradores. Ele evita o conflito. Não suporta uma reunião mais "quente". Prefere a calmaria. Mas sabemos que isso nem sempre é possível e nem mesmo saudável. É preciso administrar a guerra de todos os dias.

BREVE HISTÓRIA DE JUDAS TADEU[112]

O nome deste apóstolo é a junção do modo como aparece nos evangelhos. Mateus e Marcos o chamam de "Tadeu"[113]; Lucas o chama de "Judas de Tiago"[114]. Tadeu pode vir do aramaico *taddà'*, "peito" ou "magnânimo". Portanto, seu nome indica um traço de personalidade voltado para a clemência. Este tipo pode ser também o "contemporizador". Isto é bom, mas pode significar também uma falta de habilidade para administrar conflitos.

Sabemos poucas coisas de Judas Tadeu. Era natural de Caná, da Galileia. Seu pai era Alfeu (ou Cléofas) e sua mãe, Maria Cléofas. Judas era primo de Jesus, pois Alfeu era irmão de São José e Maria Cléofas era prima de Maria, mãe de Jesus. Era irmão de outro apóstolo, Tiago Menor.

Pouco se fala dele na Bíblia, porém o Evangelho de João revela um emblemático pedido que Judas Tadeu teria feito durante a última ceia: "Senhor, como se explica que tu te manifestarás a nós e não ao mundo?". Perceba a preocupação de Judas com outros que não estavam ali naquela ceia final. Jesus naquele momento fazia grandes revelações. O contemporizador gostaria que mais gente estivesse na reunião.

Jesus respondeu: "Se alguém me ama, guardará a minha palavra; meu Pai o amará, e nós viremos e faremos nele a nossa morada"[115]. Isto é a certeza de que aquela reunião era apenas o começo de uma grande história. A ideia era ir até os ausentes e levar o resultado daquele momento decisivo.

Judas Tadeu entendeu perfeitamente que a reunião seria apenas o começo da missão que ele teria pela frente. Isto fica bastante claro na carta atribuída a sua autoria e que está na Bíblia. É um dos menores escritos do Novo Testamento, com apenas um capítulo. Enquanto algumas cartas da Escritura são para um grupo específico, como aos filipenses ou romanos, algumas se dirigem a todos os povos do mundo. São conhecidas como cartas "católicas", termo que significa "universal". Tadeu aprendeu a ter o mundo todo em seu coração. Já não era o mero contemporizador. O contato com o líder Jesus de Nazaré fez dele alguém capaz de dizer a verdade, doesse a quem doesse. Porém, sua meta não era o conflito, mas unir os povos na paz.

Vale ler um trecho da carta de Judas Tadeu, que é uma pérola na arte de tratar com pessoas difíceis:

> Vós, porém, caríssimos, lembrai-vos das palavras preditas pelos apóstolos de nosso Senhor Jesus Cristo, que vos diziam: "Nos últimos tempos aparecerão zombadores, vivendo ao sabor de suas ímpias paixões". São eles que provocam *divisões*. São vulgares e não têm o Espírito.
>
> Vós, porém, caríssimos, *edificai-vos* sobre o fundamento da vossa santíssima fé e orai, no Espírito Santo, de modo que vos mantenhais no amor de Deus, esperando a misericórdia de nosso Senhor Jesus Cristo, para a vida eterna[116].

Este texto mostra com extrema lucidez que existem dois tipos de pessoas. Algumas criam *divisões* e outras buscam *edificar-se mutuamente*. Este é o segredo na arte de administrar conflitos: minimizar o potencial de divisão e ampliar ações de edificação. Ao que tudo indica, Judas Tadeu entendeu perfeitamente as lições de Jesus.

O CONTEMPORIZADOR ENCONTROU EQUILÍBRIO

Após a ressurreição, Tadeu teria começado sua vida missionária pela Galileia, indo para a Samaria e a Iduméria.

Teria participado do primeiro Concílio, o de Jerusalém, por volta do ano 50. Depois, teria ido para Mesopotâmia, Síria, Armênia e Pérsia, onde se encontrou com o apóstolo Simão. Por volta do ano 70, teria sido martirizado com golpes de porretes, lanças e machados.

Sua festa é celebrada, juntamente com São Simão, no dia 28 de outubro. Até os anos 1930 sua memória permanecia quase totalmente esquecida, pois seu nome era facilmente confundido com o do traidor. Na cidade de São Paulo teve início uma paróquia de periferia que tinha São Judas Tadeu como padroeiro. O pároco de então começou a reabilitar a memória do santo dizendo ao povo que este apóstolo fora tão esquecido que não se esquece de ninguém e se torna intercessor de todos os que estão aflitos. O resultado é que até hoje, todo dia 28, o Santuário São Judas Tadeu recebe cerca de setenta mil devotos. No dia 28 outubro a igreja chega a receber trezentos mil peregrinos. É um dos maiores santuários urbanos do mundo. Isto prova o quanto é possível transformar a divisão e a confusão em plataforma de comunhão.

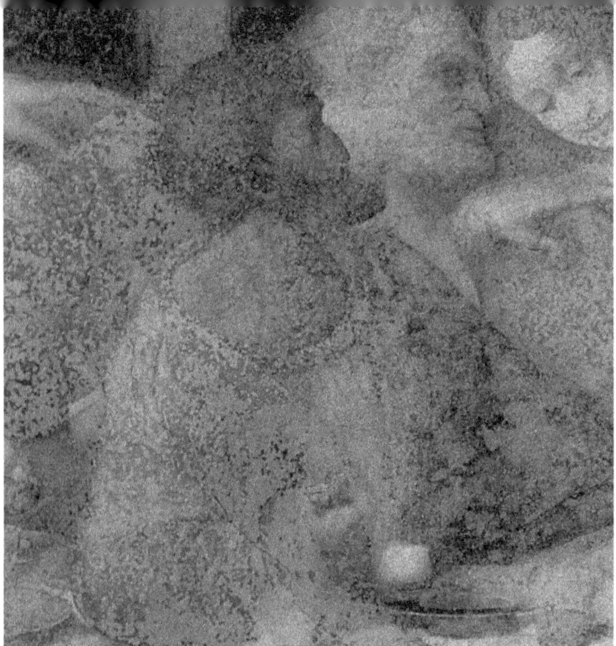

Capítulo doze
Judas Iscariotes, *o traidor*

O apóstolo Judas Iscariotes é bastante conhecido por ter sido o traidor. Isto mostra que nem sempre a fama é sinônimo de sucesso. Este famoso personagem da história comprou seu fracasso por trinta moedas de prata. Alguns pesquisadores encontram indicações de que ele seria de um partido ainda mais radical que os zelotes. Era capaz de tudo para atingir seus objetivos, até trair o Mestre e o grupo dos doze.

Nenhum líder acerta sempre em todos os colaboradores que escolhe. Neste caso, um dos que Jesus escolheu acabou por decepcionar. Não haveria um jeito de recuperar este sujeito difícil? Jesus conseguiu fazer do impulsivo Pedro o primeiro Papa da história. Fez do emotivo e explosivo João uma coluna forte de sua Igreja, exemplo de ternura. Mateus e André, ambos aprenderam suas lições. Até Tomé, o descrente, se tornou um grande santo. Por que Judas não?! É que para o traidor só tem uma solução: a demissão.

O líder é alguém capaz de identificar o traidor antes que ele possa levar a empresa à ruína. Encontre esta pessoa e demita-a. É o melhor que você terá a fazer, antes que ela faça um buraco no casco do navio e o naufrágio seja inevitável.

BREVE HISTÓRIA DE JUDAS ISCARIOTES[117]

O último apóstolo indicado em todas as listas dos evangelhos é Judas Iscariotes. Seu nome se tornou sinônimo de traição. Iscariotes pode ser uma referência a "Queriot", sua aldeia de origem[118]. Outros encontram a origem deste nome na palavra "sicário". Era a alusão aos terroristas da época que viviam armados com um punhal chamado sica. Outros ainda encontram neste nome uma simples tradução hebraica para "traidor"[119].

Mas não pense que Judas sempre foi uma pessoa difícil no grupo. Pelo contrário. Não encontramos elementos significativos que o desabonassem. Cuidado com os "bonzinhos". Jesus chamou a atenção de muitos discípulos. Até a noite da traição, Judas nunca tinha sido advertido por nada. Aliás, ele mesmo foi quem chamou a atenção de Maria, a irmã de Lázaro, na ocasião em que ela derramou um perfume caro na cabeça de Jesus. Disse que seria melhor vender e dar o dinheiro aos pobres[120]. Assim, Judas mostra um traço de personalidade moralista. Segundo o psiquiatra Augusto Cury, "uma das piores características de Judas era não ser uma pessoa transparente. Antes de trair Jesus, traiu a si mesmo. Traiu sua sabedoria, traiu seu amor pela vida, sua capacidade de aprender, seu encanto pela existência. O maior traidor da história foi carrasco de si mesmo"[121].

A traição não foi efetuada apenas no momento da entrega. Ela foi longamente planejada. Trair exige um complexo exercício de liderança. Todo traidor é um grande líder. Infelizmente, utiliza seu potencial para o mal. Judas teve que se encontrar com os inimigos de Jesus e fazer um acordo com eles. Recebeu dinheiro para isso[122]. O segundo momento deste projeto perverso foi o "beijo da traição"[123].

Ao contrário de outros apóstolos, menos expressivos, Judas Iscariotes estava entre os grandes líderes do grupo, juntamente com Pedro e João. Leonardo da Vinci, inteligentemente, pinta-os juntos ao lado direito de Jesus.

Inegavelmente ele era um membro do grupo mais seleto escolhido por Jesus. Sempre aparece como "um dos doze"[124]. Pedro diria mais tarde a respeito dele: "Ele era um dos nossos e foi incumbido do mesmo ministério"[125]. Como Jesus pôde escolher alguém com potencial de traidor e, até mesmo, confiar a ele tarefas tão importantes, como ser o tesoureiro do grupo?[126] Antes de ser traidor da pessoa de Jesus, ele traiu também as finanças do grupo, pois costumava roubar o que se colocava no caixa comum[127]. Costuma ser assim. Grandes traições começam com pequenos gestos.

Jesus deu avisos sobre uma eventual traição: "Ai, porém, daquele por quem o Filho do Homem é entregue!"[128]. O curioso é que Judas premeditou tão longamente e logo após a traição se arrependeu, devolveu o dinheiro e, caindo em desespero, foi enforcar-se[129]. Meditando sobre este fato, o papa Bento XVI diz que "não compete a nós julgar o seu gesto, substituindo-nos a Deus infinitamente misericordioso e justo". A palavra "diabo" vem do grego e significa "aquele que divide". Com isso, vemos novamente que as pessoas difíceis usam seu potencial de liderança para dividir o grupo. O líder amoroso é capaz de desmontar este mecanismo diabólico e transformar a pessoa num elo de comunhão, de solidariedade. Jesus bem que tentou fazer isso com Judas, mas neste caso não foi possível.

O TRAIDOR DEIXOU A EMPRESA

Nem sempre conseguimos a coesão de todos. Sempre existe um traidor. Apesar de Jesus tratá-lo como amigo[130],

Judas preferiu o caminho da inimizade. Não podemos obrigar as pessoas a serem recíprocas ao nosso amor. É triste admitir, mas o amor nem sempre supõe reciprocidade.

Judas começou a trair Jesus quando traiu as finanças do grupo, quando pensou antes em si. Normalmente é assim. Toda traição tem origem em uma atitude de egoísmo e autossuficiência. Políticos que retêm a coisa pública para si são traidores da nação; são diabólicos; não são melhores que Judas.

Pedro também esteve desiludido com o projeto messiânico de Jesus. Também preferia um Céu na terra. Também chegou a negar o Mestre. Jesus chegou a chamar fortemente a sua atenção: "Não tens em mente as coisas de Deus, e sim as dos homens"[131]! Mas Pedro não tinha a ambição como origem de suas atitudes. Era de boa índole. Era frágil, mas fiel. O arrependimento de Pedro gerou tristeza com esperança. O arrependimento de Judas o levou ao desespero.

Neste caso, a única solução encontrada por Jesus foi a demissão. Durante a última ceia, após dizer que um deles o iria trair, o Mestre disse a Judas: "O que tens a fazer, faze logo"[132]. Não temos que manter os traidores no grupo por muito tempo. O melhor é pedir que sigam seu caminho. Há pessoas que não conseguiremos trazer para a coesão. Neste caso, precisamos de humildade para reconhecer nosso limite para transformar pessoas. Demitir, em alguns casos, é um grande gesto de amor!

A sabedoria dos ditados populares

Ao escrever este livro, diversas vezes me deparei com situações que aparecem refletidas em nossos ditados populares. Fui colecionando um a um e cheguei a esta grande lista. O povo sabe resumir muito bem a sabedoria da vida. Por isso, ao terminar a leitura deste livro, vale a pena você divertir-se um pouco lendo estas frases tão curtas quanto intensas e verdadeiras. É possível que alguma delas abra à sua frente o mar para que você passe pelas dificuldades, escapando dos que o perseguem. Desejo-lhe uma ótima e serena travessia!

\- 1 -

Cada vez que encontro alguém difícil devo perguntar silenciosamente para mim mesmo: e se eu fosse você?

CARLO VECCHI

\- 2 -

Roupa suja se lava em casa.

DITADO POPULAR

\- 3 -

A palavra "não" normalmente fecha o coração.

SABEDORIA ORIENTAL

\- 4 -

Águas passadas não movem moinhos.

DITADO POPULAR

\- 5 -

Não julgueis para não serdes julgados.

JESUS CRISTO

\- 6 -

Uma pergunta vale mais que mil respostas.

DITADO POPULAR

\- 7 -

Perdoar é bem mais barato.

ALIR SANAGIOTTO

\- 8 -

Quando um não quer, dois não brigam.

DITADO POPULAR

\- 9 -

Deus sabe de que barro fomos feitos.

Bíblia

\- 10 -

Pague o mal com o bem.

Jesus Cristo

\- 11 -

Reza por aquele que te maltrata.

Jesus Cristo

\- 12 -

Todo ponto de vista é a vista de um ponto.

Leonardo Boff

\- 13 -

Antes mal acompanhado do que só!

Alir Sanagiotto

\- 14 -

A primeira impressão é a que fica.

Ditado popular

\- 15 -

Um limão azedo é ótimo para fazer uma limonada;
basta um pouco de água, açúcar e gelo.
Como posso fazer isso com pessoas azedas?

Carlo Vecchi

\- 16 -

Quer fazer amigos? Chame as pessoas pelo nome!

Carlo Vecchi

\- 17 -

Cão que muito late não morde!

DITADO POPULAR

\- 18 -

Elogie quem está furioso.

ALIR SANAGIOTTO

\- 19 -

Sorria antes de começar a falar.

ALIR SANAGIOTTO

\- 20 -

Há males que vêm para bem.

DITADO POPULAR

\- 21 -

Calma... muita calma nesta hora.

CÉLIO DE OLIVEIRA

\- 22 -

Olho no olho espanta qualquer piolho.

CARLO VECCHI

\- 23 -

O que os olhos não veem o coração não sente.

DITADO POPULAR

\- 24 -

Um dia é da caça, outro do caçador.

DITADO POPULAR

\- 25 -

Faça da gratidão o seu melhor refrão.

Carlo Vecchi

\- 26 -

É melhor ver com os ouvidos e ouvir com o coração.

Carlo Vecchi

\- 27 -

Quem não deve não teme.

Ditado popular

\- 28 -

Acredite que é possível polir as pedras e as pessoas.

Carlo Vecchi

\- 29 -

Pessoas são mais que problemas.

Carlo Vecchi

\- 30 -

Não guarde roupa suja embaixo do colchão nem mágoas no coração.

Carlo Vecchi

\- 31 -

Ninguém vive tão perto de um chato quanto ele mesmo.

Carlo Vecchi

\- 32 -

A tolerância é o tempero da vida.

Carlo Vecchi

- 33 -

Quem ama o feio, bonito lhe parece.

Ditado popular

- 34 -

A primeira condição para ser bem-sucedido ao lidar com pessoas difíceis é tornar-se impermeável.

Alan Houel e Christian Godefroy

- 35 -

O bom humor pode tirar você da jaula do leão sem nenhum arranhão.

Alan Houel e Christian Godefroy

- 36 -

Lembre-se: você jamais chegará ao topo se demonstrar sinais de inferioridade desde o início.

Alan Houel e Christian Godefroy

- 37 -

Quem ri por último ri melhor.

Ditado popular

- 38 -

Pessoas difíceis são como bombas que precisam ser desarmadas.

Alan Houel e Christian Godefroy

- 39 -

Se você ajudar um tipo negativo a se livrar do problema, ele não lhe será grato.

Alan Houel e Christian Godefroy

\- 40 -

Nem sempre resolver os problemas dos outros é a melhor solução.

CARLO VECCHI

\- 41 -

As aparências enganam.

DITADO POPULAR

\- 42 -

A fé remove montanhas.

JESUS CRISTO

\- 43 -

Recordar é bom; esquecer é sempre melhor.

CARLO VECCHI

\- 44 -

Nada como um dia após o outro.

DITADO POPULAR

\- 45 -

O tempo é o melhor remédio.

DITADO POPULAR

\- 46 -

Nunca tenha medo de mostrar seus limites.

CARLO VECCHI

\- 47 -

Ressentimento é burrice. É sentir de novo o que já nos machucou.

CARLO VECCHI

\- 48 -

Palavras bem ditas são bênção; mal ditas são maldição.

Carlo Vecchi

\- 49 -

Rir é o melhor remédio.

Ditado popular.

\- 50 -

Depois da tempestade sempre vem a bonança.

Ditado popular

\- 51 -

O coco tem casca grossa, mas a polpa é suave. Algumas pessoas são assim; outras são exatamente o contrário.

Carlo Vecchi

\- 52 -

A noite é a melhor conselheira.

Ditado popular

\- 53 -

Cabeça fria e coração quente é solução, o contrário é confusão.

Carlo Vecchi

\- 54 -

Rosas têm espinhos, fazer o quê?!

Carlo Vecchi

\- 55 -

O essencial é invisível aos olhos; só se vê bem com o coração.

Antoine de Saint-Exupèry

\- 56 -

Cansaço de amor não cansa.

Santo Agostinho

\- 57 -

Nunca atacarei o Ceará; aqui não tenho inimigos; nunca me fizeram mal; minhas irmãs são bem cuidadas no Juazeiro.

Lampião

\- 58 -

Viver e não ter a vergonha de ser feliz.

Gonzaguinha

\- 59 -

Um, dois, três, quatro, cinco, seis, sete, oito, nove, dez... pronto, pode reagir!

Carlo Vecchi

\- 60 -

Não se pode agradar gregos e troianos.

Ditado popular

\- 61 -

Paciência é a ciência da paz.

Carlo Vecchi

\- 62 -

Quem vê cara não vê coração.

Ditado popular

\- 63 -

Não ame pela beleza, pois um dia ela acaba. Não ame por admiração, pois um dia você se decepciona. Ame apenas, pois o tempo nunca pode acabar com um amor sem explicação.

Madre Teresa de Calcutá

\- 65 -

Bons amigos são a prova de que os anjos são verdade.

Padre Zezinho, scj

\- 66 -

Viveu num lar e obedeceu; por trinta anos se calou;
milhões de coisas ele tinha pra dizer, mas esperou.

Padre Zezinho, scj

\- 67 -

Gosto não se discute.

Ditado popular

\- 68 -

Ninguém come um abacaxi com casca.

Carlo Vecchi

\- 69 -

Quem já roubou, não roube mais;
quem já matou, não mate mais!

Padre Cícero Romão Batista

\- 70 -

O segredo é o equilíbrio.

Aristóteles

\- 71 -

Quem diz o que quer, ouve o que não quer.

Ditado popular

\- 72 -

Nas coisas essenciais, a unidade; nas acidentais, a diversidade;
em tudo, a caridade.

Santo Agostinho

\- 73 -

Quem desdenha quer comprar.

Ditado popular

\- 74 -

Um rosa, mesmo quebrada, continua rosa.

Padre Zezinho, scj

\- 75 -

Não existem duas pessoas iguais.

Carlo Vecchi

\- 76 -

Quantos elogios você já deu hoje?

Carlo Vecchi

\- 77 -

Amai os vossos inimigos.

Jesus Cristo

\- 78 -

Ninguém te condenou? Nem eu te condeno!

Jesus Cristo

\- 79 -

Está feliz? Cante! Está triste? Reze!

Paulo de Tarso

\- 80 -

Lembre-se de respirar fundo.

Carlo Vecchi

\- 81 -

A poda dói, mas faz bem!

ALIR SANAGIOTTO

\- 82 -

Ninguém nasceu pra sofrer, mas a dor nos faz crescer.

PADRE ZEZINHO, SCJ

\- 83 -

Que o dragão não seja meu guia; bebe tu mesmo do teu veneno!

SÃO BENTO

\- 84 -

Evite prolongar a conversa com o "diabo".

SABEDORIA ORIENTAL

\- 85 -

Seja amigo de si mesmo.

CARLO VECCHI

\- 86 -

Já que não tem outro jeito,
vamos combater as ervas daninhas ignorando-as.

CLÁUDIO LONGEN

\- 87 -

Não se fixe no ponto do erro, mas no universo dos acertos.

CARLO VECCHI

\- 88 -

Não se preocupe com o dia de amanhã;
a cada dia basta o seu cuidado.

JESUS CRISTO

- 88 -

Somente se jogam pedras em árvores com fruto.

DITADO POPULAR

- 89 -

Nem Jesus agradou a todos.

DITADO POPULAR

- 90 -

O planeta deve estar achando nós, humanos, pessoas muito difíceis.

CARLO VECCHI

- 91 -

Tenha um pouco de paciência; no Céu pessoas difíceis não haverá; apenas capriche para chegar lá!

CARLO VECCHI

- 92 -

Quem espera que a vida seja feita de ilusão, pode até ficar maluco ou morrer na solidão. É preciso saber viver!

ROBERTO CARLOS

- 93 -

A culpa não está no sentimento, mas no consentimento.

SÃO BERNARDO DE CLARAVAL

- 94 -

Só muda quem decide mudar.

BERNARDO STAMATEAS

- 95 -

Hakuna Matata – Sem problemas!

DITADO AFRICANO

\- 96 -

A inveja é uma declaração de inferioridade.

Napoleão Bonaparte

\- 97 -

O silêncio do invejoso está cheio de ruídos.

Khalil Gibran

\- 98 -

A mulher de Lot olhou para trás e virou estátua de sal.

História da Bíblia

\- 99 -

Batei e abrir-se-vos-á; pedi e se vos dará; quem busca achará!

Jesus Cristo

\- 100 -

Quem semeia vento colhe tempestade.

Ditado popular

\- 101 -

Quem planta flores colhe flores!

Ditado popular

\- 102 -

O número dos que nos invejam confirma a nossa capacidade.

Oscar Wilde

\- 103 -

Não existe nada tão ruim que não possa ficar ainda pior.

Lei de Murphy

\- 104 -

Quando tudo anda bem
é sinal de que alguma coisa vai dar errado.
LEI DE MURPHY

\- 105 -

Somente os nobres têm coragem de pedir ajuda.
CARLO VECCHI

\- 106 -

Nunca desqualifique as pessoas; antes motive-as.
CARLO VECCHI

\- 107 -

Ninguém é perfeito; todos estamos por ser feitos.
JUNIOR POLLI

\- 108 -

A palavra é a arma mais letal.
DITADO POPULAR

\- 109 -

Há três coisas que nunca voltam atrás: a flecha lançada,
a palavra pronunciada e a oportunidade perdida.
PROVÉRBIO CHINÊS

\- 110 -

Até um ignorante em silêncio passa por sábio.
BÍBLIA

\- 111 -

O verdadeiro modo de se vingar de um inimigo
é não se parecer com ele.
IMPERADOR MARCO AURÉLIO

\- 112 -

Está provado que o abelhão, segundo as leis da aerodinâmica, não poderia voar, por causa de seu peso, seu tamanho e seu corpo, só que ele não sabe disso.

Cartaz na Nasa (EUA)

\- 113 -

A única revolução válida é a que fazemos em nosso interior.

León Tolstoi

\- 114 -

Jamais corrija alguém em público.

Carlo Vecchi

\- 115 -

As palavras são como as abelhas: têm mel e ferrão.

Anônimo

\- 116 -

Mantenha-se alerta: o agressor verbal tentará por todos os meios fazer que você seja parte da discussão.

Bernardo Stamateas

\- 117 -

A pessoa violenta sempre fará que você se sinta parte da guerra que ela começou.

Bernardo Stamateas

\- 118 -

Nosso tom de voz é um disparador de emoções e, como tal, de reações.

Bernardo Stamateas

\- 119 -

Água mole em pedra dura, tanto bate até que fura.

Ditado popular

\- 120 -

É preciso agradecer aos agressores, pois nos ensinam com que pessoas não devemos andar.

Bernardo Stamateas

\- 121 -

A maneira de funcionar de sua mente sem dúvida o afeta.
Pense que a vida é fácil ou pense que a vida é dura,
nos dois casos acabará por ter razão.

Ernie Zelinsky

\- 122 -

Se você me engana uma vez, a culpa é sua;
se me engana duas, a culpa é minha.

Anaxágoras

\- 123 -

Você pode enganar todo mundo algum tempo.
Pode enganar alguns o tempo todo.
Porém não pode enganar todo mundo o tempo todo.

Abraham Lincoln

\- 124 -

O que mais temo é o temor.

Montaigne

\- 125 -

A vida é muito perigosa. Não pelas pessoas que fazem mal,
mas pelas que se sentam para ver o que acontece.

Albert Einstein

\- 126 -

Uma fofoca é como uma vespa; se não puder matá-la no primeiro golpe, é melhor não mexer com ela.

GEORGE BERNARD SHAW

\- 127 -

Quem canta, seus males espanta.

DITADO POPULAR

\- 128 -

Triste época a nossa;
é mais fácil desintegrar um átomo que um preconceito.

ALBERT EINSTEIN

\- 129 -

Existem pessoas tão pobres que só têm dinheiro.

ANÔNIMO

\- 130 -

A diplomacia é a arte de conseguir que os outros façam com gosto o que a gente deseja que eles façam.

ANDREW CARNEGIE

\- 131 -

Não cutuque a onça com vara curta.

DITADO POPULAR

\- 132 -

Nenhum homem é suficientemente bom para governar os outros sem o seu consentimento.

ABRAHAM LINCOLN

\- 133 -

Quando o ser humano se transforma em "coisa",
adoece, sabendo ou não.

Erich Fromm

\- 134 -

Perguntar não ofende.

Ditado popular

\- 135 -

As queixas são a linguagem da derrota.

Frank Grane

\- 136 -

O pessimista se queixa do vento; o otimista espera que o vento mude; o realista ajusta as velas .

William George Ward

\- 137 -

É um estúpido quem,
podendo dizer uma coisa em dez palavras, usa vinte.

Giosuè Carducci

\- 138 -

Nunca diga: desta água não beberei!

Ditado popular

\- 139 -

Não gaste mal o seu tempo tentando superar seu medo de serpentes; é melhor evitá-las.

Richard Koch

\- 140 -

Lembre-se: seus ouvidos não são lixeiro.

Carlo Vecchi

\- 141 -

A boca fala do que o coração está cheio.

Jesus Cristo

\- 142 -

Felizes os que choram, porque serão consolados.

Jesus Cristo

\- 143 -

Felizes os misericordiosos, porque alcançarão misericórdia.

Jesus Cristo

\- 144 -

Felizes os perseguidos por causa da justiça,
porque deles é o Reino dos Céus.

Jesus Cristo

\- 145 -

O peixe morre pela boca.

Ditado popular

\- 146 -

O orgulhoso é medíocre porque pensa que tudo sabe e por isso não aprende mais; o humilde é sábio, porque sabe que não sabe e por isso está sempre aberto para aprender coisas novas.

Carlo Vecchi

\- 147 -

Nem tanto ao mar, nem tanto à terra.

Ditado popular

\- 148 -

É asqueroso comer o vômito do outro; mas por incrível que pareça fazemos isso quase todos os dias quando engolimos palavras de ira.

CARLO VECCHI

\- 149 -

Vamos orar e agir e Deus fará o resto;
depois dos dias sombrios e tristes, o sol retornará.

LÉON DEHON

\- 150 -

Seja como bambu, que se arca, mas não quebra.

PADRE LÉO

\- 151 -

As pessoas nascem todas iguais,
mas esta é a primeira e última vez que isso acontece.

ABRAHAM LINCOLN

\- 152 -

A vingança inaugura o círculo vicioso da violência;
o perdão determina o círculo virtuoso da paz.

CARLO VECCHI

\- 153 -

Quem tem telhado de vidro não joga pedras para o alto.

DITADO POPULAR

\- 154 -

Com fogo não se brinca.

DITADO POPULAR

– 155 –

Mesmo que alguém me ofender, tudo isso passa.

MÁRIO CARLOS RIBEIRO

– 156 –

O tempo é o melhor remédio.

DITADO POPULAR

– 157 –

Depois daquela nuvem ainda existe sol.

CARLO VECCHI

– 158 –

Não há mal que sempre dure, nem há dor que não se cure.

DITADO POPULAR

– 159 –

Trazemos um grande tesouro em vasos de barro.

PAULO DE TARSO

– 160 –

Respeite seus limites; você não é "deus".

CARLO VECCHI

– 161 –

Acredite nas flores vencendo os canhões.

GERALDO VANDRÉ

– 162 –

Tu és eternamente responsável por aquilo que cativas.

ANTOINE DE SAINT-EXUPÉRY

\- 163 -

Cada louco com a sua mania.

Ditado popular

\- 164 -

Não somos chamados apenas a fazer o bem,
mas a fazer bem o bem que fazemos.

Padre Zezinho, scj

\- 165 -

Felizes os que são flexíveis, pois não se quebram.

Autor desconhecido

\- 166 -

Jesus não veio ao mundo para trazer respostas prontas,
veio ensinar a perguntar e a responder direito.

Padre Zezinho, scj

\- 167 -

Contra fatos não há argumentos.

Ditado popular

\- 168 -

É preciso amar as pessoas como se não houvesse amanhã.

Renato Russo

\- 169 -

Não basta amar; é preciso demonstrar.

São João Bosco

\- 170 -

Quem quer fazer-se amar, amável deve se tornar.

Provérbio italiano

\- 171 -

Um pequeno erro no começo torna-se grande no fim.

Aristóteles

\- 172 -

E a vida... é bonita, é bonita e é bonita.

Gonzaguinha

\- 173 -

Quando se perde a confiança, não se tem mais nada a perder.

Anônimo

\- 174 -

A medida do amor é amar sem medida.

Santo Agostinho

\- 175 -

Quem quer mudar a sociedade não pode ter ideias tímidas.

Léon Dehon

\- 176 -

O perdão é a virtude dos fortes.

Anônimo

\- 177 -

Deus ama mais aqueles que nós amamos menos.

Dom Luciano Mendes de Almeida

\- 178 -

Se precisamos ter paciência para suportar os defeitos dos outros, quanto mais paciência ainda precisamos ter para tolerar nossos próprios defeitos.

Padre Pio de Pietrelcina

– 179 –

Quando sou fraco, então é que sou forte!

Paulo de Tarso

– 180 –

Fazer o bem sem olhar a quem.

Valmor Vechi

J

Bibliografia

Almeida, João Carlos. *As Sete Virtudes do Líder Amoroso*. 4. ed. São Paulo: Canção Nova, 2009.

Anderson, Dave. *Como Lidar com Clientes Difíceis*. Rio de Janeiro: Sextante, 2010.

Bento XVI, *Os Apóstolos*: uma introdução às origens da fé cristã. São Paulo: Pensamento, 2008.

Bíblia Sagrada. Tradução da CNBB. 7. ed. Brasília/São Paulo: CNBB/ Canção Nova, 2008.

Brinkman, Rick; Kirschner, Rick. *Aprendendo a Lidar com Pessoas Difíceis*. Rio de Janeiro: Sextante, 2006.

Carnegie, Dale. *Como Falar em Público e Influenciar Pessoas no Mundo dos Negócios*. 46. ed. Rio de Janeiro: Record, 2008.

____________. *Como Fazer Amigos & Influenciar Pessoas*. 51. ed. rev. Rio de Janeiro: Companhia Editora Nacional, 2003; 3ª reimpr., 2008.

Costa Patrão, George V. da. *Liderança para a Qualidade*. Rio de Janeiro: Qualitymark, 1997.

COSTA, J. J. *A Sabedoria dos Ditados Populares*. São Paulo: Butterfly, 2009.

CURY, Augusto. *O Mestre Inesquecível*: Jesus, o maior formador de pensadores da história. Rio de Janeiro: Sextante, 2006 (Col. Análise da Inteligência de Cristo, vol. 5).

______________. *Dez Leis para Ser Feliz*, Rio de Janeiro: Sextante, 2003.

HOUEL, Alan; GODEFROY, Christian. *Como Lidar com Pessoas Difíceis*: guia prático para melhorar os seus relacionamentos. São Paulo: Madras, 2008.

HUNTER, James C. *Como se Tornar um Líder Servidor*: os princípios de liderança de O Monge e o Executivo. Rio de Janeiro: Sextante, 2006.

______________. *O Monge e o Executivo*: uma história sobre a essência da liderança. Rio de Janeiro: Sextante, 2004.

KRAMES, Jeffrey. *Os Princípios de Liderança de Jack Welch*. Rio de Janeiro: Sextante, 2006.

MAXWELL, John C. *O Livro de Ouro da Liderança*. Rio de Janeiro: Thomas Nelson Brasil, 2008.

OXMAN, Murray. *Guia Prático para Lidar com Pessoas Difíceis*. São Paulo: Gente, 2008.

SANAGIOTTO, Alir. *Quanto Pior For a Pessoa com Quem Você Vive, Melhor para Você*. 18. ed. Independência: Sanábria, 2008.

Sanborn, Mark. *Você não Precisa Ser Chefe para Ser Líder*. Rio de Janeiro: Sextante, 2009.

Stamateas, Bernardo. *Gente Tóxica*: como lidar com pessoas difíceis e não ser dominado por elas. Rio de Janeiro: Thomas Nelson Brasil, 2009.

Sun Tzu. *A Arte da Guerra*: espiritualidade para o conflito. Anotações de Tomas Huynh. São Paulo: Madras, 2008.

Notas

[1] Este texto é uma composição de autor anônimo que roda na Internet, erroneamente atribuído ao poeta português Fernando Pessoa. Parte do texto encontra-se em Augusto Cury, *Dez Leis para Ser Feliz*, p. 33-34.

[2] João 13,21.

[3] Sun Tzu, *A Arte da Guerra:* espiritualidade para o conflito.

[4] Cf. J. C. Almeida, *As Sete Virtudes do Líder Amoroso*, p. 79 s.

[5] Cf. ibid., p. 113 s.

[6] Lucas 6,27-28

[7] Cf. Mateus 4,19.

[8] Cf. Lucas 6,31; Mateus 7,12.

[9] Cf. Mateus 11,29.

[10] Na verdade a palavra "aluno" provavelmente vem do latim *alumnus, alumni* (criança de peito) e *alere* (alimentar, nutrir, fazer crescer). Nesta visão, aluno seria aquele que está em processo de crescimento e procura o alimento, e não o *sem luz*, como indicaria a etimologia latina: *a-lumen*.

[11] O grupo artístico Viva la Gente foi criado em 1965 e teve ampla repercussão em todo o mundo, chegando a criar grupos em vários lugares, como a América Latina, com o objetivo de "construir pontes" entre as

pessoas e os povos. A parte central da letra da canção "Viva la gente" diz: "[...] *con más gente a favor de gente en cada pueblo o nación habría menos gente difícil y más gente con corazón*".

12 Tomás de Aquino, *Suma Teológica* II-II, 168, 3, ad 3.

13 Provérbios 8,30-31.

14 O *Trattato della pittura* está publicado no Codex Vaticanus (Roma, 1792). Nele Leonardo da Vinci explicita seus fundamentos técnicos e filosóficos para a arte. Para ele, a pintura seria a suprema forma artística.

15 João 13,21.

16 João 13,22.

17 João 13,23-30.

18 Cf. João 18,10.

19 Texto inspirado na reflexão de Bento XVI, *Audiência Geral de Quarta-feira*, 17 de maio, 24 de maio e 7 de junho de 2006.

20 Cf. João 1,42.

21 Cf. Mateus 16,17.

22 Cf. Lucas 5,10.

23 Cf. João 1,35-42.

24 Cf. Mateus 8,14 s.; Marcos 1,29 s.; Lucas 4,38 s.

25 Cf. Lucas 5,1-11.

26 Cf. Mateus 26,75.

27 Cf. Lucas 5,1-3.

[28] Cf. Lucas 5,4-5.

[29] Cf. Lucas 5,10.

[30] Cf. Marcos 8,27.

[31] Cf. Marcos 8,29.

[32] Cf. Marcos 8,32-33.

[33] Cf. Marcos 8,33.

[34] Cf. Marcos 8,34-35.

[35] Cf. João 6,12-13.

[36] Cf. João 6,66-69.

[37] Cf. João 21,15.

[38] Texto inspirado na reflexão de Bento XVI, *Audiência Geral de Quarta-feira*, 14 de junho de 2006.

[39] Segundo lugar em Mateus (10,1-4) e Lucas (6,13-16); quarto lugar em Marcos (3,13-18) e nos Atos dos Apóstolos (1,13-14).

[40] João 1,36.

[41] Cf. João 1,37-39.

[42] Cf. João 1,40-43.

[43] Cf. João 6,8-9.

[44] Cf. Marcos 13,1-4.

[45] João 12,23-24.

[46] Texto inspirado na reflexão de Bento XVI, *Audiência Geral de Quarta-feira*, 21 de junho de 2006.

[47] Cf. Marcos 3,17-18; Mateus 10,2-3.

[48] Texto inspirado na reflexão de Bento XVI, *Audiência Geral de Quarta-feira*, 28 de junho de 2006.

[49] Cf. Mateus 10,3; Marcos 3,18; Lucas 6,15; Atos 1,13.

[50] Cf. Mateus 13,55; Marcos 6,3.

[51] Cf. Marcos 6,3; Gálatas 1,19.

[52] Cf. Atos 12,17; 15,13-21; 21,18.

[53] Cf. Atos 15,19-20.

[54] Cf. 1 Coríntios 15,7.

[55] Cf. Gálatas 2,9.

[56] Tiago 1,1.

[57] Este é o testemunho do historiador judeu Flávio Josefo, *Antiguidades Judaicas*, 20,201 s.

[58] Texto inspirado na reflexão de Bento XVI, *Audiência Geral de Quarta-feira*, 5 de julho, 9 de agosto e 23 de agosto de 2006.

[59] Cf. Mateus 4,21; Marcos 1,19.

[60] Cf. Marcos 3,17.

[61] Cf. Marcos 1,29.

[62] Cf. Marcos 5,42.

[63] Cf. Marcos 9,2.

[64] Cf. Marcos 14,33.

[65] Cf. Lucas 22,8.

[66] Cf. Mateus 20,20-21.

[67] Cf. Mateus 20,22.

[68] Cf. Mateus 20,28.

[69] Cf. Gálatas 2, 9.

[70] 1 João 3,13-14.16-18.

[71] Texto inspirado na reflexão de Bento XVI, *Audiência Geral de Quarta-feira,* 30 de agosto de 2006.

[72] Marcos 2,17.

[73] Lucas 18,13-14.

[74] Eusébio de Cesareia, *Hist. eccl.* III, 39, 16.

[75] Texto inspirado na reflexão de Bento XVI, *Audiência Geral de Quarta-feira,* 6 de setembro de 2006.

[76] Cf. Mateus 10,3; Marcos 3,18; Lucas 6,14; Atos 1,13.

[77] Cf. João 1,44.

[78] João 1,45.

[79] João 1,46.

[80] Cf. João 6, 5.

[81] Cf. João 6,7.

[82] Cf. João 12,20-22.

[83] Cf. João 14,7.

[84] João 14,8.

[85] João 14,9-11.

[86] Texto inspirado na reflexão de Bento XVI, *Audiência Geral de Quarta-feira*, 27 de setembro de 2006.

[87] Cf. João 11,16; 20,24; 21,2.

[88] João 11,16.

[89] João 14,4.

[90] João 14,5.

[91] João 14,6.

[92] João 20,25.

[93] João 20,27.

[94] João 20,28.

[95] João 20,29.

[96] Tomás de Aquino, *in Johann,* XX lectio VI 2566.

[97] Bento XVI, *Audiência Geral de Quarta-feira,* 27 de setembro de 2006.

[98] Texto inspirado na reflexão de Bento XVI, *Audiência Geral de Quarta-feira,* 4 de outubro de 2006.

[99] Cf. Mateus 10,3; Marcos 3,18; Lucas 6,14.

[100] Cf. Atos 1,13.

[101] Cf. João 21,2.

[102] Cf. João 2,1-11.

[103] João 1,46a.

[104] João 1,46b.

[105] João 1,47.

[106] João 1,48a.

[107] João 1,48b.

[108] João 1,49.

[109] Cf. Eusébio de Cesareia, *Hist. eccl.*, V 10, 3.

[110] Texto inspirado na reflexão de Bento XVI, *Audiência Geral de Quarta-feira*, 11 de outubro de 2006.

[111] Cf. Mateus 10,4; Marcos 3,18; Lucas 6,15; Atos 1,13.

[112] Texto inspirado na reflexão de Bento XVI, *Audiência Geral de Quarta-feira*, 11 de outubro de 2006.

[113] Cf. Mateus 10,3; Marcos 3,18.

[114] Lucas 6,16; Atos 1,13.

[115] João 14, 22-23.

[116] Judas 17-21; itálicos nossos.

[117] Texto inspirado na reflexão de Bento XVI, *Audiência Geral de Quarta-feira*, 18 de outubro de 2006.

[118] Cf. Josué 15,25; Amós 2,2.

[119] Cf. João 6,71; 12, 4; Mateus 26,25; 26,46.48; João 18,2.5.

[120] Cf. João 12,6.

[121] Augusto Cury, *O Mestre Inesquecível*, p. 46.

[122] Cf. Mateus 26,14-16.

[123] Cf. Mateus 26,46-50.

[124] Cf. Mateus 26,14.47; Marcos 14,10.20; João 6, 71; Lucas 22,3; Mateus 26,21; Marcos 14,18; João 6,70; 13,21.

[125] Atos 1,17.

[126] Cf. João 12,6b; 13,29a.

[127] Cf. João 12,6a.

[128] Mateus 26,24.

[129] Cf. Mateus 27,3-5.

[130] Cf. Mateus 26,50.

[131] Marcos 8,32-33.

[132] João 13,27.